目次

JN132463

●本書の使い方 📝

①この問題集は実教出版の教科書「グローバル経済」(商業734)に準拠しています。

②穴埋め形式の**要点整理**で知識を定着させた後，応用的な問題を含む**Step問題**にチャレンジしましょう。

③要点整理には，一定のまとまりごとに**チェックボックス**をつけました。よくできた場合は，一番上のチェックボックス(☺)にチェックをつけましょう。できた場合は真ん中(☺)，あとでもう一度解きたい場合は，一番下のチェックボックス(☺)にチェックをつけましょう。全てのチェックボックスが笑顔になるまでくり返し解きましょう。

④Step問題は難易度の高い問題に💡，記述問題に✏をつけました。記述問題は解答のポイントを別冊解答解説に掲載しています。自分自身の解答がポイントをおさえられているかを確認しましょう。

⑤各章末に，教科書の内容に関連した実習課題である**探究問題**と**重要用語の確認**を掲載しています。探究問題にも積極的に取り組み，ほかの人と意見交換などを行ってみましょう。

⑥よりよい学習をできるように**目標設定＆振り返りシート**(▶p.86)を活用してください。

1節 国境を越えて広がる世界

教科書 p.6〜8

○ 要点整理

正答数 ／8問

教科書の内容についてまとめた次の文章の（　　　）にあてはまる語句を書きなさい。

Check!

1 身近に感じる海外

教科書 p.6

インターネットの普及によって「外国」は，多くの人々にとって身近な存在になってきている。インターネットとそれを支える（①　　　　　　　　　　）（ICT）の発達は，私たちが（②　　　　　　）を意識することなくさまざまな情報を世界中から得たり，互いに交換したりすることを容易にさせた。

近年では，（③　　　　　　　）やビジネスのために日本に滞在する外国籍の人も増加しており，街中でさまざまな外国語を耳にする機会も増えてきている。

Check!

2 狭くなった世界

教科書 p.7

隣り合う国の間で軍事的・政治的な緊張や対立が続く国境がある一方で，国境をまたぐ交流は世界的な規模で活発化している。例えば，航空運賃の低下などにより，国境を越える（④　　　　　　）の移動は昔よりもずっと容易になってきた。（⑤　　　　　　）の移動に関しても，国際的な物流ネットワークの整備などが進んでいる。

また，国境を越えた（⑥　　　　　　）の移動もスムーズになってきている。さらに，インターネットで運ばれる（⑦　　　　　）は，容易に国境を越えてしまう。

このように，近年では企業活動や経済活動に欠かせない資源である（④），（⑤），（⑥），（⑦）の国境を越えた移動の容易さが増してきている。

Check!

3 グローバル化とは

教科書 p.8

「（④），（⑤），（⑥），（⑦）という企業活動や経済活動に欠かせない資源の移動に関して，国境の意義が変化し，その存在がもたらす移動の障壁が総体的に低くなっていく現象」を（⑧　　　　　　　　　）という。

国境は，国家の存立と切り離せない存在であり，国境による障壁が完全になくなることはない。しかし，近年，国境がもたらす障壁は全般に低くなっていく傾向にある。

（④），（⑤），（⑥），（⑦）の（⑧）が，全て同じ速度で一様に進展しているわけではなく，それぞれの資源の特性や，社会の環境的条件などによって進展の度合いは異なっている。

1 次の各文の内容が正しい場合は○を，誤っている場合は×を書きなさい。

(1) 情報通信技術の発達は，さまざまな情報を世界中から得ることを容易にさせた。

(2) 近年では，観光やビジネスのために日本に滞在する外国籍の人が減少している。

(3) テレビ電話システムにより，企業が在宅勤務などのテレワークを導入する割合が増えてきている。

(4) 現在も，隣り合う国の間で軍事的・政治的な緊張や対立が続く国境が存在している。

(5) インターネットに技術的な規制をかけるなどして，外国からの情報の流入をできるだけ抑止しようとする政策が採用されている国がある。

(1)		(2)		(3)		(4)		(5)	

2 次の(1)〜(5)に最も関係の深いものを〈解答群〉の中から一つずつ選び，記号で答えなさい。

(1) 国際的な物流ネットワークの整備

(2) 航空運賃の低価格化

(3) 海外サイトへのインターネットでのアクセス

(4) クレジットカードを利用した海外の店舗への代金決済

(5) 国家の主権が及ぶ境界線

〈解答群〉 ア　国境　　イ　カネの移動　　ウ　ヒトの移動　　エ　モノの移動
　　　　　　オ　情報の移動

(1)		(2)		(3)		(4)		(5)	

3 「グローバル化」について説明した次の文の(①)〜(③)にあてはまる語句を書きなさい。

　グローバル化とは，「ヒト，モノ，カネ，(①) という企業活動や経済活動に欠かせない (②) の移動に関して，国境の意義が変化し，その存在がもたらす移動の障壁が総体的に (③) なっていく現象」である。

①		②		③	

2節 グローバル化する社会

教科書 p.9〜12

要点整理

正答数　　／12問

教科書の内容についてまとめた次の文章の（　　　　）にあてはまる語句を書きなさい。

1 グローバル市場の成立

教科書 p.9

Check!

グローバル化は，経済面で言えば，（①　　　　　　　　　）が行われる場である（②　　　　　　　　　）が，国境を越えて広がっていくことを意味している。

グローバル化の前段階に（③　　　　　　　　　）の段階がある。③ の段階では，それぞれの国で経済活動が行われており，国内市場が形成されている。輸出や輸入によって国境を越える財の取引である貿易が行われる場が（④　　　　　　　　　）である。

グローバル化した市場では，各国をつつみ込む（⑤　　　　　　　　　）が成立し，国境を越えた経済取引も，国内取引と同列に行われることになる。

2 金融とグローバル化

教科書 p.10

Check!

金融取引が行われる市場である（⑥　　　　　　　　　）でもグローバル化が進んでいる。

ICTの発達が金融の新しい仕組みを生み出しつつある。インターネット上で，国境を越えて世界中から資金調達を行う仕組みを（⑦　　　　　　　　　）という。

3 企業とグローバル化

教科書 p.10〜11

Check!

日本の製造業がグローバルな事業展開に至るまでの流れをみていくと，第1段階では，企業は国内に工場や営業の拠点を持ち，（⑧　　　　　　　　　）で自社製品を販売する。第2段階になると，企業は自社製品を海外に輸出することを模索する。このようにして，企業の（⑨　　　　　　　　　）が始まる。第3段階で，企業は工場などの生産拠点も海外に持つようになる。この第3段階は，企業が ⑨ の段階から（⑩　　　　　　　　　）の段階へと移行する時期であり，企業は海外に子会社を設立するだけでなく，海外企業の合併や買収 [（⑪　　　　　　　　　）] を行い，さらなる収益拡大の機会を目指すようになる。

4 社会の多様性とグローバル化

教科書 p.12

Check!

グローバル化は，国境を越えた人の移動を多方面で活発化させることになる。グローバル化の結果として，社会の（⑫　　　　　　　　　）は拡大していくことになる。

⑫ の拡大は，社会の活気を生み出し，経済成長を加速させる効果が期待できる。しかし，⑫ の拡大によって，民族的，文化的，歴史的な背景が異なるさまざまな人々が一つの社会に共存することになるため，そこからさまざまな摩擦が生じる恐れもある。

▶Step問題

正答数 ／11問

1 次の各文の下線部が正しい場合は○を，誤っている場合は正しい語句を書きなさい。

(1) グローバル化の前段階に<u>国際化</u>の段階がある。

(2) 国境を越えた経済取引も国内取引と同列に行われる市場を<u>国際市場</u>という。

(3) インターネット上で，寄付や新製品の予約購入などを募ることによって，世界中から資金調達を行う仕組みを<u>グローバル・バリューチェーン</u>という。

(4) <u>M&A</u>とは，企業の合併や買収のことである。

(5) グローバル化の結果として，社会の<u>単一性</u>は拡大していくことになる。

(1)		(2)		(3)	
(4)		(5)			

2 次の図および表の①〜⑤にあてはまるものを〈解答群〉の中から一つずつ選び，記号で答えなさい。

▼国際化の段階

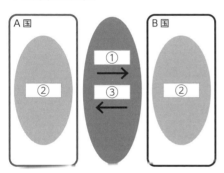

▼日本の企業のグローバルな事業展開への流れ

段階	工場などの設置場所(生産拠点)	営業拠点*	市場
第1段階		④	
第2段階	④	⑤	国際化
第3段階		⑤	グローバル化

*営業拠点には，商社や海外提携先などの利用を含む。

<解答群> ア 国内 イ 国内市場 ウ 貿易 エ 国際市場 オ 国内及び海外

①		②		③		④		⑤	

3 グローバル市場とはどのような特徴を持つか，40字程度で説明しなさい。

3節 グローバル化と地域経済統合の動き

教科書 p.13

● 要点整理

正答数 ／4問

Check!

教科書の内容についてまとめた次の文章の（　）にあてはまる語句を書きなさい。

グローバル化の進展とともに，世界各地で（① 　　　　　　　　　　　　　）が進んでいる。

（①）とは，世界の複数の国・地域が協定を結んで，互いに（② 　　　　　　　　　　　）や

（③ 　　　　　　　　　）などの貿易に関する障壁を撤廃するなどして，域内の交流を活

発化しようとする試みである。

（①）には，各段階があるが，共同市場から完全な経済・政治統合の段階に至ると，単に

経済的関係の連携だけでなく，（④ 　　　　　　　　　）な連携も強化されていくことになる。

▶Step問題

正答数 ／5問

1 次の(1)〜(2)に最も関係の深いものを〈解答群〉の中から一つずつ選び，記号で答えなさ

い。また，地図中の①〜③にあてはまる地域経済統合を〈解答群〉の中から一つずつ選び，

記号で答えなさい。

(1) 安全基準など貿易に関する税以外の事実上の障壁のこと

(2) 通常，輸入品にかけられる税による輸入抑制効果のこと

(1)		(2)	

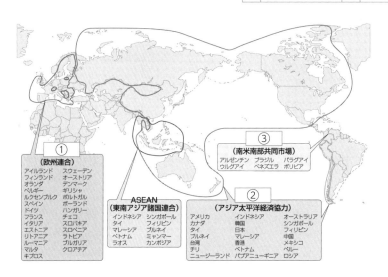

<解答群>　ア　EU　　イ　MERCOSUR　　ウ　APEC　　エ　関税障壁

　　　　　オ　非関税障壁

①		②		③	

4節 グローバル化と経済発展

教科書 p.14～15

● 要点整理

正答数 ／3問

Check!

教科書の内容についてまとめた次の文章の（　）にあてはまる語句を書きなさい。

経済のグローバル化の進展は，一般には経済成長を加速させる要因になると考えられている。

特にグローバルに事業活動を行う企業が（①　　　　　　　　　　　　　　　）(GVC) を整備することで，生産工程を最適化させることができるため，大量かつ効率的な生産が可能になってくる。その結果，国境を越えて広がる（①）が構築されていく。さらに，（①）の発展は，より有利な条件での生産に貢献できる（②　　　　　　　）を（①）に組み込むことによって，その（②）の経済発展にも寄与することができる。

また，金融のグローバル化によって，投資家は資金の効率的な運用が可能になる。消費者は（③　　　　　　　　　）(EC) のサービスを使って，国内外の商品を簡単に安く購入できるようになる。

このように経済のグローバル化の進展は，多方面に経済的な便益をもたらす可能性がある。

▶Step 問題

正答数 ／5問

1 次の各文の下線部が正しい場合は○を，誤っている場合は正しい語句を書きなさい。

(1) 企業の国境を越えた生産プロセスのなかで，価値が生み出され加えられていく連鎖のことを<u>サプライ・チェーン</u>という。

(2) <u>金融</u>のグローバル化によって，投資家は資金の効率的な運用が可能になる。

(3) 消費者は<u>直接商取引</u>のサービスを使って，国内外の商品を簡単に安く購入できる。

(4) 日本の<u>C to C</u>の市場規模は，B to C よりも大きい。

(5) EC は，人々が国外で販売されている商品を，自国から直接購入する機会を与えている。これを<u>越境EC</u>と呼ぶ。

(1)		(2)	
(3)		(4)	
(5)			

5節 グローバル化の諸問題

教科書 p.16

● 要点整理

正答数　　／4問

教科書の内容についてまとめた次の文章の（　　）にあてはまる語句を書きなさい。

Check!

グローバル化は，（①　　　　　　　　　　　）を拡大させたと考えられている。（①）の拡大には，各国内での（①）の拡大と国家・地域間での（①）の拡大という二つの要素がある。国内の（①）の拡大は，市場の競争の激化や技術開発の加速化の結果，経営や技術などの領域で高度な技能を持つ人とそうでない人との間の（①）が拡大していることなどによる。

国家・地域間の（①）の拡大は，特にグローバル・バリューチェーンの連鎖のなかに組み込まれた国とそうでない国との間の格差が拡大している。

国境を越えた資源の移動が容易になったことで，かつては一国内の事象にとどまっていた（②　　　　　　　　　　）が世界中に拡散してしまい，それを取り締まることが困難である事例も多い。

また，グローバルに事業活動を行う企業などが各国の（③　　　　　　　）の違いに着目して，自社の法人税などの負担率を低くしようとする（④　　　　　　　　　）の問題もある。

▶ Step 問題

正答数　　／3問

1 グローバル化によってもたらされる諸問題には「所得格差の拡大」，「違法行為の拡散」，「租税回避」などがある。それぞれどのような問題かまとめなさい。✏️ 💡

所得格差	
違法行為の拡散	
租税回避	

◆探究問題

1 インターネットが普及する以前には，海外とのつながりはどのようなものであったか
調べてみよう。

2 「国際化」から「グローバル化」に変化していく理由を考えてみよう。

3 地域ごとにみられる経済統合が，世界中で一つの経済統合となり得るか考えてみよう。

4 所得格差の問題はどのように解決できるか考えてみよう。

次の(1)〜(19)にあてはまる用語を書きなさい。

1回目 □
2回目 □ (1) 在宅などで勤務を行う仕事の形態。

（　　　　　　）

□ (2) 国家の主権が及ぶ境界線。

（　　　　　　）

□ (3) 企業活動や経済活動に欠かせない資源のうち，インターネットで運ばれるもの。

（　　　　　　）

□ (4) 企業活動や経済活動に欠かせない資源の移動に関して，その障壁が相対的に低くなっていく現象。

（　　　　　　）

□ (5) 財を生産し，生産物と貨幣を交換し，さらにそれらを消費する一連の活動。

（　　　　　　）

□ (6) (4)の前段階にある段階。

（　　　　　　）

□ (7) 生産や消費などの(5)に利用されるもの。

（　　　　　　）

□ (8) 輸出や輸入によって国境を越える財の取引である貿易が行われる場。

（　　　　　　）

□ (9) 国境を越えた経済取引も，国内取引と同列に行われることになる，各国をつつみ込む市場。

（　　　　　　）

□ (10) 金融取引が行われる市場。

（　　　　　　）

□ (11) インターネットを用いて，国境を越えて世界中から資金調達を行う仕組み。

（　　　　　　）

□ (12) 企業の合併や買収をあらわすアルファベットの頭文字をとったもの。

（　　　　　　）

□ (13) 通常は，輸入品にかけられる税による輸入抑制効果のこと。

（　　　　　　）

□ (14) 貿易に関する税以外による事実上の障壁のこと。（　　　　　　）

□ (15) 企業の国境を越えた生産プロセスのなかで，価値が生み出され加えられていく連鎖。

（　　　　　　）

□ (16) インターネットを介して商品の売買を行う仕組み。

（　　　　　　）

□ (17) 国外で販売されている商品を，自国から直接購入する機会を与えている場合の(16)の呼び方。

（　　　　　　）

□ (18) 各国内や国家・地域の間で発生する，所得の差。

（　　　　　　）

□ (19) 企業が各国の税制の違いに着目して，自社の税負担を低くしようとすること。（　　　　　　）

1節 多国籍企業とグローバル経営 教科書 p.18〜20

● 要点整理

正答数 ／11問

教科書の内容についてまとめた次の文章の（　　　）にあてはまる語句を書きなさい。

Check!

1 多国籍企業の事業展開

教科書 p.18

　近年，世界中の多くの企業が，本社を置く本国に限らず，国境を越えてグローバルに事業活動を行っている。こうした企業は，（①　　　　　　　　　）と呼ばれ，（①）が行う経営は，（②　　　　　　　　　）あるいは（③　　　　　　　　　）と呼ばれる。日本のほとんどの大企業は，（②）を実践しており，多くの国・地域に事業の拠点を設けている。また，多くの中小企業も，複数の国・地域に拠点を設けて事業を展開しており，さらにそれを拡大しようとしている。

Check!

2 企業がグローバル化する理由

教科書 p.19

　多くの企業がグローバル化する主な理由は，次の通りである。

〔1▶	日本では，人口に占める高齢者の割合が増加し，子どもの割合が低下する（④　　　　　　　　　）と（⑤　　　　　　　　　）が進んでいる。国内市場の成長率の伸びは低下しており，売上高を伸ばすための成長機会を求めて，海外市場に進出している。
〔2▶	海外には，国内にはない（⑥　　　　　　　　　）がある。そうした資源を求めて，企業が海外進出する場合もある。例えば多くの日本企業は，人件費が安い国・地域に労働者という人的資源を求めて，海外に工場を移転している。
〔3▶	自社の（⑦　　　　　　　　　）やノウハウを高める学習のために，企業が海外進出する場合もある。日本の製薬企業が医療に関連する技術情報を収集するためにアメリカに拠点を設けているのは，その一例である。
〔4▶	政治的な理由による海外進出もある。1980年代以降，自動車を製造する日本の企業がアメリカでの現地生産に乗り出したのは，（⑧　　　　　　　　　）を回避するという政治的理由による側面が強い。

〔1▶〜〔4▶は目タイトルと対応しているよ！

3 多国籍企業の経営戦略

Check!

企業が経営を行っていくうえでの基本方針を (⑨　　　　　　　) という。企業がグローバル経営を行う場合，世界全体を単一の市場として捉える (⑩　　　　　　　) と，進出する国の事情に対応した経営を行う (⑪　　　　　　　) という二つの経営戦略が考えられる。

製造業の場合，(⑩) を実現するため，原材料・部品の調達，生産などの活動拠点を，世界中で最も効率的かつ効果的に行うことのできる国・地域に置こうとする。(⑪) の戦略を採用する企業は，原材料・部品の調達，生産などを現地で行うことが多い。実際には，企業はこれら二つの経営戦略を組み合あわせて，グローバル経営を行う場合が多い。

▶Step 問題

正答数　　／10問

1 次の各文の内容が正しい場合は○を，誤っている場合は×を書きなさい。

(1) 多くの日本企業は，人的資源を求めて，海外に工場を移転している。

(2) 自社の技術力やノウハウを高める学習のために，企業が海外進出することはない。

(3) 多くの中小企業も，複数の国・地域に事業を展開し，拡大しようとしている。

(4) 日本では，少子高齢化と人口減少が進んでいるが，国内市場の成長率の伸びは増加している。

(5) グローバル経営を行う企業は，グローバル戦略かマルチドメスティック戦略のいずれかを選択しなければならない。

(1)		(2)		(3)		(4)		(5)	

2 次の(1)〜(5)に最も関係の深いものを〈解答群〉の中から一つずつ選び，記号で答えなさい。

(1) 本社を置く本国に限らず，国境を越えてグローバルに事業活動を行っている企業

(2) 多国籍企業が行う経営

(3) 企業が経営を行っていくうえでの基本方針

(4) 世界を単一の市場として捉える経営戦略

(5) 進出する国の事情に対応した経営を行う戦略

<解答群>　ア　多国籍企業　　イ　グローバル戦略　　ウ　経営戦略

エ　マルチドメスティック戦略　　オ　グローバル経営 (国際経営)

(1)		(2)		(3)		(4)		(5)	

2節　企業の海外進出とグローバル経営の難しさ　教科書 p.21〜24

○要点整理

正答数　　／17問

教科書の内容についてまとめた次の文章の（　　　）にあてはまる語句を書きなさい。

Check!

1 進出する国・地域の選択

教科書 p.21

　企業が海外進出する国・地域を選択する場合の判断基準や要素には，次のようなものがある。

〔1〕▶	特定の製品やサービスの売上高の合計を（①　　　　　　　　　）という。（①）が大きい場合や，（①）が小さくても，（②　　　　　　　　　）が高いために，企業が海外進出する場合もある。
〔2〕▶	（③　　　　　　　　　）の進出する国・地域に進出する場合もある。（③）の進出する国・地域に確実な需要を見込めるためである。
〔3〕▶	進出する国・地域が保有する経営資源も，進出先を選ぶ判断基準となる。
〔4〕▶	海外進出する際は，経営に関するさまざまな（④　　　　　　　　　）(費用)も考慮する必要がある。進出先の（④）を考えることは，進出する国・地域を選択するうえで重要なことである。
〔5〕▶	主に企業が進出する国・地域の政治・政権の安定性も重要な要素であり，（⑤　　　　　　　　　　　　　　）という。為替の変動なども（⑤）に含まれる。
〔6〕▶	進出する国に日本とは異なる（⑥　　　　　　　　　）や規制が存在する場合，事業を行う際の障害となる場合があるため，考慮する必要がある。
〔7〕▶	絵画，音楽などを意味するだけでなく，価値観，宗教などを含む広い意味での文化的な要素は，消費者のニーズを捉えるために必要な要素であり，現地の従業員を管理するうえでも，重要な要素である。

2 海外進出の方法

企業が海外進出するには，次のようなさまざまな方法がある。

〔1〕▶	国内あるいは海外の（⑦　　　　　　　　　）に，自社製品の販売を委託する方法。（⑦）方式という。
〔2〕▶	本国から人を派遣するか，現地で人を雇って（⑧　　　　　　　　　　　　）を設置する方法。
〔3〕▶	企業が所有する特許や商標などの使用を外国の企業に認め，見返りに使用料を受け取る契約を締結する方法。（⑨　　　　　　　　　）という。
〔4〕▶	自社ブランドの製品の製造を他社に委託する方法。自動車や電機製品などでは，（⑩　　　　　　　　）と呼ばれる。
〔5〕▶	進出する国の企業へ投資を行い，（⑪　　　　　　　）を所有する方法。
〔6〕▶	自社の出資に加えて進出先の国の企業などから出資してもらい，（⑫　　　　　　　　）を設立する方法。
〔7〕▶	企業が100％出資の（⑬　　　　　　　）を海外に設立する方法。
〔8〕▶	本部が加盟店を募集し，自社ブランドの使用許可と営業のノウハウを提供する見返りとして，加盟店から（⑭　　　　　　　　　　　）を徴収する方法。

3 海外直接投資を行う理由

　企業が海外進出する場合に，海外直接投資を行う理由として，次のような要因がある。

〔1〕▶所有優位性　企業が，研究開発やマーケティングなどの面で，優れた技術やブランドなどの資源を所有していることによる（⑮　　　　　　　　）を意味する。こうした（⑮）があれば，進出国でも有利に経営を行える。

〔2〕▶内部化優位性　企業が所有する特許や商標などを自ら使用して経営を行う（⑮）を意味する。

〔3〕▶立地優位性　人件費の安さ，市場成長率の高さや豊富な天然資源など，進出先の国・地域が持つ経済的な（⑮）あるいは魅力度を意味する。

　所有優位性と内部化優位性は海外に進出する企業自体が持つ（⑮）であり，立地優位性は進出国の（⑮）あるいは魅力度を意味している。

4 グローバル経営の難しさ

教科書 p.24

国・地域の間に次のような隔たりが存在するためグローバル経営は難しいといわれる。

〔1〕▶	(⑯　　　　　　　　　　　　　)な要素は，国・地域によってさまざまであり，日本の文化と隔たりがある。
〔2〕▶	日本と異なる国家体制を採用する国とは政治的な隔たりが大きい。
〔3〕▶	人やモノの移動において，(⑰　　　　　　　　　　)な距離という隔たりは，企業活動に制約をもたらす。
〔4〕▶	国民1人当たりの所得などを指標とすると，先進国と開発途上国との間には，大きな経済的隔たりが存在する。

日本との隔たりが小さければ，日本の企業がその国・地域に進出したとしても経営上の困難は少ない。しかし，こうした隔たりが大きい国・地域への進出は，多くの困難が伴う。

▶Step問題

正答数　　／8問

1 次の(1)～(5)のうち，企業が海外進出する国・地域を選択する場合の判断基準となるものにはAを，企業の海外進出の方法となるものにはBを書きなさい。

(1) ライセンシング　　　(2) カントリーリスク　　　(3) 現地の経営資源

(4) 現地の企業への投資　　　(5) フランチャイズの展開

(1)		(2)		(3)		(4)		(5)	

2 次の各文の下線部が正しい場合は○を，誤っている場合は正しい語句を書きなさい。

(1) 企業が，研究開発やマーケティングなどの面で，すぐれた技術などの資源を所有していることによる優位性を内部化優位性という。

(2) 自動車や電機製品などで，自社ブランドの製品の製造を他社に委託する方法をGVCという。

(3) 日本と異なる国家体制を採用する国とは文化的な隔たりが大きくなる。

(1)		(2)	
(3)			

3節 グローバル経営の現状

教科書 p.25〜27

● 要点整理

正答数 　／11問

教科書の内容についてまとめた次の文章の（　　　）にあてはまる語句を書きなさい。

1 マザー工場システムと技術移転・技術指導

教科書 p.25

Check!

製造業のグローバル経営では，日本の工場を（①　　　　　　　　　　）として，その工場における技術やノウハウを海外工場に移転したり，（①）が海外工場の指導を行ったりする。こうした方式を（①）システムと呼ぶ。

（①）で開発された生産ラインを，多少の修正を加えたうえで，ほぼそのまま海外工場に移転する方法を（②　　　　　　　　　）といい，本国の（①）からエンジニア・技術者を派遣し，現地のエンジニア・技術者を指導しながら，現地工場の生産システムを構築する方法を（③　　　　　　　　　）という。

（①）システムは，日本国内の優れた生産技術を海外工場に移転するには有効な方法であるが，（①）に（②）・（③）といった負担がかかるという課題もある。

2 海外拠点の役割の変化

教科書 p.26

Check!

駐在員事務所や海外子会社などは，企業の（④　　　　　　　　　　）とみなされる。従来の（④）は，本社・親会社の経営戦略に従って，販売あるいは生産を実行するだけの存在であったが，（④）においても優位性を確立する必要に迫られている。

企業が（④）において競争優位性を確立するためには，製品開発・マーケティングなどに関する権限委譲を行う必要がある。また，（④）を設置する場合の戦略性も大切である。そのため，企業が海外進出する場合，現地企業への投資や合弁会社の設立を行う。

（④）への権限委譲や海外拠点設置の戦略性によって，（④）は企業のグローバル経営の戦略的拠点といった役割を担うようになった。

3 現地化

教科書 p.26〜27

Check!

グローバル経営における（⑤　　　　　　　　　）とは，進出先である現地の経営資源を活用して経営を行うことを意味する。（⑤）は，資金，原材料・部品などの調達，人材の活用など，さまざまな方法で実施することができる。そのなかでも，日本企業の海外進出においては，次の二つを実現することが重要視されている。

〔1▶調達の（⑤）　原材料や部品を現地で調達できるようになれば，製品を作る（⑥　　　　　　　　　）を引き下げられ，製品の設計や生産ラインの変更も容易になり，生産性を高めることができる。さらに，（⑦　　　　　　　　）の変動による調達費用の変動も回避で

きる。加えて，進出国の政治的要求に応えることで，許認可などが取りやすくなるという経営上の利点もある。

〔2〕人材の⑤　人材の⑤とは，海外拠点のうち，駐在員事務所，合弁会社及び海外子会社の経営者や管理職に，現地の（⑧　　　　　　　　）を用いることである。

教科書 p.27

4 小売業・サービス業のグローバル化

Check!

　近年，小売業やサービス業のグローバル化が顕著になっている。小売業やサービス業の海外進出は，製造業の海外進出と基本的には同じであるが，その業種ならではの特徴や課題もある。

〔1〕文化的な問題　小売業やサービス業は，消費者の（⑨　　　　　　　　）に密着しているため，文化的な隔たりや違いの影響を受ける。そのため，進出国のニーズや特徴をつかむ必要がある。

〔2〕調達の問題　商品や原材料の（⑩　　　　　　　）も簡単ではない。日本からの輸入だけに頼らず，現地で⑩先を開拓・育成する必要もある。

〔3〕サービスの標準化　モノのサイズや水準・質を，一定に保つことを（⑪　　　　　　　　　）という。サービス業の場合，サービスも一定の水準・質に保つ必要がある。そのため，現地での指導，人材の育成などに手間と労力がかかる。

▶Step 問題

正答数　　／5問

1 次の各文の下線部が正しい場合は○を，誤っている場合は正しい語句を書きなさい。

(1) マザー工場とは，ほかの工場の手本や基準となる工場のことである。

(2) 駐在員事務所や海外子会社は，企業の生産拠点とみなされる。

(3) モノのサイズや水準・質を一定に保つことを統一化という。

(1)		(2)		(3)	

2 グローバル経営の現地化に関して，日本企業の海外進出においてその実現が重要視されるものを二つ書きなさい。

4節 グローバル経営の課題

教科書 p.28〜31

要点整理

正答数　　/15問

教科書の内容についてまとめた次の文章の（　　　）にあてはまる語句を書きなさい。

1 保護主義的通商政策とグローバル経営

教科書 p.28

Check!

2010年代末から，アメリカ，中国をはじめとする国々の（① 　　　　　　　　　　）が顕著になっている。（①）とは，関税の引き上げや輸入規制によって自国への輸入量抑制を図ることである。こうした（①）への対応がグローバル経営の課題となっており，企業は次のような対策を取る。

〔1〕▶	グローバル経営を行う企業は，（② 　　　　　　　　）の引き上げに対して，（②）が引き上げられた製品を（②）の低い国から輸出するようにしたり，原材料・部品を（②）の低い国から輸入したりする。
〔2〕▶	（②）の引き上げや輸入規制により輸出が不利になった場合，現地生産を進めるという方法（現地化の推進）も採用される。

2 研究開発のグローバル化

教科書 p.29

Check!

　グローバル経営を行う企業は，海外拠点においても競争優位性を築くことを目指している。そのなかでも，（③ 　　　　　　　　）のグローバル化は，日本企業にとってグローバルに競争優位性を築くために重要であり，次のような課題がある。

〔1〕▶	生産や販売における企業の海外進出と同様に，（③）拠点を設置する際にも，（④ 　　　　　　　）の選択が問題になる。
〔2〕▶	（③）は，研究者やエンジニアの自由な発想が重要である。そのため，（③）拠点には，テーマを選択できるなどの自由や（⑤ 　　　　　　　）を与えることが必要となる。ただし，研究開発は，企業経営の一環として行われるものなので，本社・親会社からの（⑥ 　　　　　　　）も必要である。
〔3〕▶	（③）拠点が生み出した知識や技術を，どのように他の国・地域に移転させるかという課題もある。特に文字や数字にできない（⑦ 　　　　　　　）は，他の国・地域への移転が難しい。

3 異文化適応

教科書 p.30

Check!

　グローバル戦略を採用する企業であっても，進出国の文化に適応して製品・サービスを改良する必要がある。また，マルチドメスティック戦略を採用する企業の場合は，進出国の文化に適応した製品・サービスを作り出すことが最重要課題である。こうした異文化適応に関しては，次の点に留意する必要がある。

　一つ目は異文化の理解である。グローバル化の時代といわれながらも，国・地域による（⑧　　　　　　　）的な違いは依然として存在する。企業が経営を行ううえでは，ホフステードの研究に基づいた，（⑨　　　　　　　　），集団／個人主義，女性／男性性，（⑩　　　　　　　　），短期／長期志向，人生の楽しみ方，という（⑧）の6次元モデルがよく知られている。

　次に（⑪　　　　　　　）の修正である。本社・親会社の（⑪）をそのまま進出国に持ち込むのではなく，現地の文化に応じて修正を加える必要がある。

4 グローバル統合とローカル適応

教科書 p.31

Check!

　グローバル経営では，世界を一つの市場と捉え，世界的に経営の標準化を目指す（⑫　　　　　　　　　）と，国・地域の実情に合わせた経営を行う（⑬　　　　　　　　　）という，相反する視点のバランスを取る必要がある。

　すなわち，（⑫）の視点から，製品・サービスを世界的に標準化することで，コスト削減を可能にしつつ，（⑬）の視点から，進出国の状況，消費者のニーズなどに合わせて，製品・サービスを現地向けに改良する必要がある。

　（⑫）と（⑬）の間のバランスを取った経営は（⑭　　　　　　　　）と呼ばれる。（⑭）では，以下のような視点が重視される。

〖1〗	本社・親会社の所在国における競争優位性にこだわらず，グローバルに競争優位の源泉を求める，自国至上主義からの脱却。
〖2〗	先進国で生まれた製品・サービスを（⑮　　　　　　　）・開発途上国に持ち込むだけでなく，それらの国・地域で独自に生み出された製品・サービスも重視する，（⑮）市場の重視。
〖3〗	（⑬）のための工夫は，他の国・地域にグローバルに展開できる可能性があること。

1 次の各文の内容が正しい場合は○を，誤っている場合は×を書きなさい。

(1) 2010年代末から，アメリカや中国の保護主義的通商政策は見直されてきている。

(2) グローバル経営を行う企業は，輸出入を関税の高い国に変更するようになる。

(3) 輸出が不利になった場合，現地生産を進めるという方法も採用される。

(4) 日本企業にとってグローバルに競争優位性を築くためには，研究開発のグローバル化が重要である。

(5) 進出国の文化に適応して製品・サービスを改良することを，異文化適応という。

(1)		(2)		(3)		(4)		(5)	

2 次の表は「ホフステードの異文化理解の6次元モデル」についてまとめたものである。表中の①〜⑤にあてはまる語句を〈解答群〉の中から一つずつ選び，記号で答えなさい。

①	階層・上下関係を重視するか，平等を重視するか。
②	所属する集団の利害を優先するか，個人の利害を優先するか。
③	家族，友人等との時間を大事にするか，仕事上の達成，地位等を重視するか。
不確実性回避	不確実・曖昧なことを回避しようとする程度。
④	物事を短期的な視点で捉えるか，長期的な視点で捉えるか。
⑤	今を楽しみたいという人生観が支配的か，先々のことを心配する人生観が支配的か。

<解答群> ア　権力格差　　イ　人生の楽しみ方　　ウ　女性/男性性

エ　集団/個人主義　　オ　短期/長期志向

3 次の文章の (①)〜(③) にあてはまる語句を書きなさい。

　グローバル経営では，世界的に経営の標準化を目指す (①) と，国・地域の実情に合わせた経営を行う (②) という，相反する視点のバランスを取る必要があり，その間のバランスを取った経営は (③) と呼ばれる。

①		②	
③			

5節 グローバル化に伴う企業の社会的責任 教科書 p.32〜34

● 要点整理

正答数 ／9問

教科書の内容についてまとめた次の文章の（　　）にあてはまる語句を書きなさい。

現代社会において，企業は法律・規則を遵守するだけでなく，さまざまな関係者の利害や要求を満たすという（① 　　　　　　　　　　　　　）を果たす必要がある。

1 グローバル経営と労働問題
教科書 p.32〜33

Check!

経営のグローバル化に伴う労働問題では，開発途上国における（② 　　　　　　　　）と（③ 　　　　　　　　）が問題となる場合が多い。

（②）は，生産委託している現地企業が児童を労働者として雇う場合があるため，企業は，そうした行為をしないように現地企業に（④ 　　　　　　　）・依頼する責任がある。

（③）は，新興国や開発途上国では，労働関係の（⑤ 　　　　　　　　）が未整備であったり，（⑤）があっても長時間労働，劣悪な作業環境などの問題が発生しやすい。先進国の企業は，こうした企業や工場の（③）の改善にも努力することを期待されている。

2 グローバル経営と環境問題
教科書 p.33

Check!

先進国の企業は，業界を問わず，製品・サービスを生み出す過程における二酸化炭素排出量削減，廃棄物ゼロを目指す（⑥ 　　　　　　　　　　　　），作業効率向上による（⑦ 　　　　　　　　　　）低減などに取り組んでいる。

しかし，新興国・開発途上国では経済発展が優先され，環境問題が発生している。グローバルに経営を行う企業が，現地国の環境基準を超えた環境対策を行うことは可能であり，企業の社会的責任という観点からも望まれる。

3 グローバル経営とSDGs
教科書 p.34

Check!

（⑧ 　　　　　　　　　　　　　　　　　）は，2015年の国連サミットで採択された「持続可能な開発のための2030アジェンダ」に記載された，将来にわたって持続可能でよりよい世界を目指す国際的な目標である。これらの目標は，企業が関与あるいは貢献できるものもある。例えば，（⑨ 　　　　　　　　　　　　）を実現するためには，人事システム，特に経営幹部層，管理職への女性登用の問題に対する企業の取り組みが求められる。（⑧）に積極的に関与あるいは貢献することは，グローバル経営における企業の社会的責任という側面でも不可欠な事柄になっている。

1 次の各文の内容が正しい場合は○を，誤っている場合は×を書きなさい。

(1) 経営のグローバル化に伴う労働問題の一つに，児童労働の問題がある。

(2) 先進国よりも新興国や開発途上国のほうが，労働条件に関わる問題が発生しやすい。

(3) 新興国・開発途上国では，経済発展よりも環境問題への対策が優先されている。

(4) グローバルに経営を行う企業は，現地国の環境基準を超えた環境対策を行ってはいけない。

(5) SDGs（持続可能な開発目標）は政府や国際機関の目標であり，企業は関係しない。

(1)		(2)		(3)		(4)		(5)	

2 次の(1)〜(5)に最も関係の深いものを〈解答群〉中から一つずつ選び，記号で答えなさい。

(1) 持続可能な開発目標

(2) 社会的・文化的に作られた性差

(3) 企業の社会的責任

(4) 廃棄物ゼロを目指す取り組み

(5) 高級品市場をターゲットとするファッション製品による経済水準向上の方法

＜解答群＞ ア ゼロ・エミッション　イ SDGs　ウ CSR

エ エシカルファッション・イニシアティブ　オ ジェンダー

(1)		(2)		(3)		(4)		(5)	

3 環境問題に対して，先進国の企業が業界を問わず，どのようなことに取り組んでいるか三つ書きなさい。✏💡

◆探究問題

1 多国籍企業が進出先の国として選ぶのは，どういう国が多いか調べてみよう。

2 製造業のグローバル化と，小売業・サービス業のグローバル化とでは，どのような違いに注意すべきか考えてみよう。

3 いくつかの国が保護主義的通商政策を採用する理由を考えてみよう。

4 SDGsの17の目標のうち1つを取り上げ，企業はどのように関与・貢献できるか考えてみよう。

次の(1)～(22)にあてはまる用語を書きなさい。

1回目 □
2回目 □

(1) 本社を置く本国に限らず，国境を越えてグローバルに事業活動を行う企業。
（　　　　　　）

□ (2) 多国籍企業が行う経営のこと。国際経営ともいう。（　　　　　）

□ (3) 企業が経営を行っていくうえでの基本方針。（　　　　　）

□ (4) 世界全体を単一の市場として捉える経営戦略。（　　　　　）

□ (5) 進出する国の事情に対応した経営を行う戦略。
（　　　　　　）

□ (6) 特定の製品やサービスの売上高の合計。（　　　　　）

□ (7) ある市場の(6)を，その前年の(6)で割って算出する割合。
（　　　　　　）

□ (8) 自社の製品やサービスを提供する相手のこと。（　　　　　）

□ (9) 特定の企業と契約を結び，その企業の代わりに製品の販売を行う企業。
（　　　　　　）

□ (10) 一般に外国企業株式の10％以上を取得した場合などにみなされる投資の種類。（　　　　　）

□ (11) ソーシャルネットワーキングサービスの略で，Web上で人と人とを繋ぐ種々のサービス。（　　　　　）

□ (12) 生産における技術・ノウハウの面で，

ほかの工場の手本や基準になる工場。
（　　　　　　）

□ (13) 自社の製品やサービスが顧客にとってなくてはならないものになっている状態。（　　　　　）

□ (14) 進出先である現地の経営資源を活用して経営を行うこと。（　　　　　）

□ (15) モノのサイズや水準・質を一定に保つこと。（　　　　　）

□ (16) 関税の引き上げや輸入規制によって自国への輸入量抑制を図ること。
（　　　　　　）

□ (17) グローバル経営において世界を一つの市場と捉え，世界的に経営の標準化を目指すこと。（　　　　　）

□ (18) グローバル経営において国・地域の実情に合わせた経営を行うこと。
（　　　　　　）

□ (19) グローバル統合とローカル適応の間のバランスを取った経営。
（　　　　　　）

□ (20) 企業が法律や規制を遵守するだけでなく，関係者の利害や要求を満たすこと。（　　　　　）

□ (21) 生産過程における廃棄物ゼロを目指す取り組み。（　　　　　）

□ (22) 将来にわたって持続可能でよりよい世界を目指す国際的な目標。
（　　　　　　）

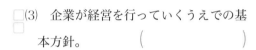

▲アプリはこちらから

アプリでほかの問題にもチャレンジしてみよう！

1節 人材のグローバル化

教科書 p.36〜38

◯ 要点整理

正答数 ／9問

教科書の内容についてまとめた次の文章の（　　　）にあてはまる語句を書きなさい。

Check!

1 経済のグローバル化と外国人労働者

教科書 p.36

技術職や研究職などの専門職や，開発途上国からの（①　　　　　　　　）として日本で働く外国人も増えてきた。2019年，日本では労働者不足が深刻な介護などの14業種を対象に一定の技能と日本語能力のある外国人の就労を新たに認めた。

Check!

2 ダイバーシティとダイバーシティ経営

教科書 p.37

日本の企業は，（②　　　　　　　　　　　　）（ステークホルダー）の要望に応じながら，収益増加の努力を続けている。また，国籍・年齢・性別などにとらわれず，多様な価値観・能力をもった人材を活用する（③　　　　　　　　　　　　）が企業には求められている。

Check!

3 賃金体系の変化

教科書 p.38

日本では，年齢または勤続年数に比例して賃金が上昇していく賃金体系である（④　　　　　　　　　　　）が，（⑤　　　　　　　　）と（⑥　　　　　　　　　　　　）とともに雇用システムの柱となってきた。

近年，将来の貢献度や潜在的な能力を賃金に反映させる（⑦　　　　　　　　　）から，単年度の業績や貢献度を重視する（⑧　　　　　　　　　）へと昇給システムを変更する事例が増加してきている。

Check!

4 人材のグローバル化の現状と課題

教科書 p.38

グローバル化の進展とともに，語学力はもちろん，自国や他国の文化に対する深い理解を前提に，主体性や積極性などを身に付け，さまざまな分野で活躍する人材が必要になっている。このような人材を（⑨　　　　　　　　　　）といい，その育成が課題である。

▶Step問題

正答数 ／5問

1 次の(1)〜(5)のうち，〈条件〉に合うものはＡを，それ以外はＢを書きなさい。

＜条件＞　ダイバーシティ経営で求められること

(1) 国籍にとらわれない雇用　　(2) 多様な価値観の容認　　(3) 性別による昇進の格差

(4) 多様な人材が働きやすい環境　　(5) 年功序列型賃金制の維持と徹底

(1)		(2)		(3)		(4)		(5)	

2節 財とサービスのグローバル化(1) 教科書 p.39〜43

● 要点整理

正答数 ／28問

教科書の内容についてまとめた次の文章の（　　　）にあてはまる語句を書きなさい。

　日本が戦後，驚異的な経済成長を遂げることができたのは，世界の国々とさまざまな財の国際的な取引が可能だったからである。

　取引されている財として，企業が生産活動を行う際に購入する（①　　　　　　　　）や，最終的に消費者によって使用（消費）される（②　　　　　　　　）があげられる。

　（①）・（②）のほかに，輸送・旅行・建設・通信・金融などのサービスから得られる収益や海外企業から受け取る配当などの投資収益なども国境を越えてやりとりされている。

Check!

1 自由な取引の重要性

教科書 p.39〜40

　貿易の代表的な理論に，19世紀にイギリスの経済学者である（③　　　　　　　　）が最初に唱えた（④　　　　　　　　）がある。この理論によると，どのような国でも，生産費が安いなど相対的に有利な条件で生産することができる（⑤　　　　　　）を持つ財がある。各国が（⑤）を持つ財の生産に（⑥　　　　　　）して生産を行い，その財を他国と交換することで，いずれの国民も自国の生産量を上回る量の財を取得できるようになる。この理論に基づけば，各国で分業し，そこで生産された製品を貿易取引することで，各国の国民が豊かになることがわかる。この各国による分業を（⑦　　　　　　　　）といい，（⑦）が自国に経済成長をもたらすからこそ，各国は相互に自由に国際取引を行うのである。

　（⑦）の形態には，先進国が（⑧　　　　　　　　）を生産し，開発途上国が原材料・食料を生産して，それらを交換する（⑨　　　　　　　　）と，先進国相互間で，（⑧）の貿易が行われる形の国際分業である（⑩　　　　　　　　）がある。現在では特に，（⑩）の重要性が増している。

Check!

2 貿易の国際秩序

教科書 p.40〜43

　第二次世界大戦の要因の一つには，世界恐慌以来の（⑪　　　　　　　　　　）や関税戦争といった世界諸国の経済的な対立があったといわれる。同大戦後，この反省にたって，（⑫　　　　　　　　）や（⑬　　　　　　　　　　）が設立された。現在（⑬）は，世界銀行グループの一つである。1947年に（⑭　　　　　　　　　　）が締結された。（⑭）は，関税戦争のない世界やブロックのない自由に貿易ができる世界を築くことを目的として，（⑮　　　　　　），（⑯　　　　　　　　），（⑰　　　　　　）の三つの理念に基づき，（⑱　　　　　　）の引き下げのほか，（⑲　　　　　　　　）の撤廃など

について，二国間ではなく（⑳　　　　　　　　　）での話し合いで決着しようとする内容の協定であった。（⑭）は単なる協定に過ぎなかったが事実上の国際機関として，その後の8回にわたる（㉑　　　　　　　　　　）を通じて，貿易自由化を推進する役割を果たしてきた。しかし，世界経済のボーダーレス化が徐々に進むにつれ，取引も多様化し，モノの分野のルールを定めた（⑭）では対応が難しくなってきた。また，協定加盟国間の紛争処理にも強い権限を持った正式な機関を求める声が高まり，常設の国際機関である（㉒　　　　　　　　　　）が1995年に設立された。（㉒）は，サービスや知的財産権の分野など，（⑭）より幅広い分野を扱うこととなり，さらには，紛争解決手続きにおける強化・改善が図られた。（㉒）は，意思決定に関しては（㉓　　　　　　　　　）と（㉔　　　　　　　　　　）を採用している。多数に上る加盟国間での意思決定には時間がかかり，成果に繋がりにくい側面がある。（㉒）での交渉停滞を踏まえて，先進諸国の少なくない国が二か国間や多国間での協定締結を指向するようになっていった。（㉕　　　　　　　　　）と（㉖　　　　　　　　　　）は，いずれも特定の国・地域の間で締結される協定である。前者の（㉕）は，特定の国または地域の間で関税を削減し，サービス貿易の障壁などを撤廃し，物品及びサービス貿易の自由化を図ることを目的とする協定である。一方，（㉖）は，（㉕）の要素に加えて，投資環境の整備，（㉗　　　　　　　　　）の保護，人の移動の拡大などを図ることを内容とする協定である。

　（㉕）や（㉖）を推進するのは，（㉘　　　　　　　　　）に結びつく経済効果があると考えられているからである。

▶Step 問題

1 次の文章の（①）〜（⑤）にあてはまる語句を，〈解答群〉の中から一つずつ選び，記号で答えなさい。

　第二次世界大戦の経済的な側面からの反省により，国際金融や為替相場の安定を目的に（①）が設立され，また，自由で無差別な貿易の促進を目的に（②）が締結された。そして，貿易の多様化への対応や貿易紛争の処理の強化のため（②）は正式な国際機関である（③）へと発展的に解消した。しかし，（③）は意思決定に時間を要すため，各国は，特定の国または地域の間で関税の削減や貿易の障壁を撤廃しようとする（④）や，貿易のみならず，より広い範囲で経済的な連携を深める（⑤）を指向するようになった。

＜解答群＞　ア　EPA　　イ　FTA　　ウ　GATT　　エ　IMF　　オ　WTO

①		②		③		④		⑤	

2 次の文章を読み，あとの問いに答えなさい。

　A国とB国における，X財とY財，それぞれ1単位の生産費は右表の通りである。どちらの財もA国の生産費はB国に比べ高く，A国はそれぞれの財をB国からの輸入に頼る方が効率的に見える。しかし，A国は3単位のY財をB国に輸出すると，B国で1.5単位のX財を得ることができ，6ドルで1.5単位のX財を得ることができる。

	X財	Y財
A国	6ドル	2ドル
B国	2ドル	1ドル

⑴　それぞれの国内でX財1単位と交換できるY財は何単位か答えなさい。

⑵　それぞれの国が比較優位を持つ財を答えなさい。

⑶　B国が1単位のX財をA国に輸出すると，何単位のY財と交換できるか答えなさい。

⑷　このような，比較優位を持つ財を輸出することで，それぞれの国が利益を得られるという考え方を何というか答えなさい。

⑸　⑷の説を最初に唱えたイギリスの経済学者を答えなさい。

⑴ A国		B国		⑵ A国		B国	
⑶							
⑷				⑸			

3 各国が，FTAやEPAを指向するようになったWTOの問題点を，「WTO」，「一括受託方式」，「コンセンサス方式」という語を用いて60字程度で説明しなさい。

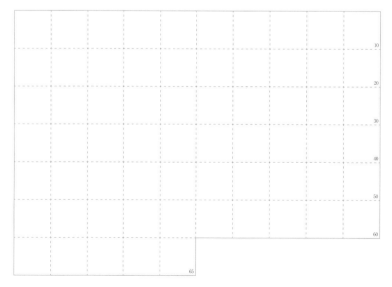

2節 財とサービスのグローバル化(2) 教科書 p.44〜49

● 要点整理

正答数 ／26問

教科書の内容についてまとめた次の文章の( )にあてはまる語句を書きなさい。

Check!

3 地域経済統合の進展

教科書 p.44 46

ヨーロッパの経済統合は，1958年に(①)を結成したのが始まりである。これが1967年には(②)に発展した。そして，1993年に(③)が発効し，(②)は(④)へと発展した。

(④)は経済統合のみならず，欧州の政治的統合も目指している。1979年には直接選挙で議員が選ばれる(⑤)が発足し，1998年には(⑥)が設置され，翌年に共通通貨である(⑦)が登場した。

(④)は順調な発展・拡大を続けてきたが，加盟国間の経済格差や，域内への流入が増大する難民との共生をめぐり対立も深まっている。これらの問題に関連して，2020年にイギリスは(④)を離脱した。これは(⑧)と呼ばれている。

南北アメリカでも経済統合の動きがある。まず，1994年にアメリカ，カナダ，メキシコの間で締結された(⑨)が発効した。2020年7月にNAFTAに代わるアメリカ・メキシコ・カナダ協定（USMCA）が発効され(⑨)は失効した。

南米では，1995年に(⑩)という関税同盟が発足した。

東南アジアでは，(⑪)が，1967年に発足した。(⑪)では，2015年に(⑫)が発足し，90％を超える品目で域内関税をゼロにすることなどが行われている。

アジア・太平洋地域では，1989年に，(⑬)が発足した。(⑬)は，域内の貿易や投資の自由化や経済協力などを主眼とする非公式の会議であり，緩やかな地域協力が志向されている。

また，2005年にはシンガポール，ブルネイ，チリ，ニュージーランドの4か国間で(⑭)(環太平洋パートナーシップ協定)の原協定が調印された。それ以降，加盟国が増加し，2016年に日本を含む12か国で調印された。しかし，2017年にアメリカが離脱通告を行ったため，残りの11か国で作成された(⑮)(環太平洋パートナーシップに関する包括的及び先進的な協定)が2018年に発効した。

さらに，2020年11月に，(⑯　　　　　　　　　　)(地域的な包括的経済連携協定) が，日本を含めた15か国によって署名された。この協定の発効後は，GDP，貿易総額，人口のいずれにおいても世界の約30％を占め，さらには日本の貿易総額のうち約50％を占めるほどの巨大な自由貿易経済圏が生まれることになるという。

4 国際収支

Check!

教科書 p.46〜48

　国を単位として，1年間の国境を越えるモノ (サービスを含む財) やカネ (資金) の取引の結果を，その国への受け取りから支払いを引いた差額としてまとめたものを(⑰　　　　　　　　　　) という。⑰ は (⑱　　　　　　　　　　)，(⑲　　　　　　　　　　　　)，(⑳　　　　　　　　　　)，誤差脱漏により構成されている。

　⑱ は，(㉑　　　　　　　　　　　　)，第一次所得収支，第二次所得収支の合計である。

　㉑ は，貿易収支とサービス収支の合計である。第一次所得収支は家計労働による報酬と企業資本による利益の収支である。第二次所得収支は (㉒　　　　　　　　　　) や(㉓　　　　　　　　　) の寄付など，生産・営利活動に関わらない国際的な財・サービスの移転の収支である。

　現在，日本の経常黒字を支えてきた貿易収支に代わって，海外企業からの配当や利子 (利息) の受け払いを示す (㉔　　　　　　　　　　) が大きな存在となりつつある。

　このような ⑱ の構造変化は，日本の行う国際取引の在り方が大きく変わってきたことを示している。

　通常，経済が成熟するにつれて貿易黒字は減少し，(㉔) の黒字は増加すると言われており，日本がさまざまな国際取引によって世界で稼ぐ成熟した国家に移行しつつあることが理解できる。

　一方，海外の消費市場も目覚ましく伸びており，また，その消費の質も変化している。諸外国の所得が拡大するのに伴い，(㉕　　　　　　　　　　) への消費が増加するなど，海外の消費市場における需要の高度化も進んでいるため，これらをうまく取り込めばよい。

　ただ，注意しなければならないのは，ある一定の収支に頼り切ってしまうことの危険性である。例えば，感染症の流行や自然災害の影響で人の往来が制限されると，(㉖　　　　　　　　　　) は激減し，旅行収支は大きく減少してしまう。日本にとって欠かすことのできない土台となる収支は何か，また，それを補う収支はどのようなものであるかをよく考え，日本全体にとって最もバランスのとれた収支構造を，その時折の国際環境の変化に応じながらも，目指していくことが大切なのである。

1 次の(1)～(5)に最も関係の深いものを〈解答群〉中から一つずつ選び，記号で答えなさい。

(1) ヨーロッパにおける地域経済統合

(2) 東南アジアにおける地域経済統合

(3) アジア・太平洋地域での経済協力などに関する非公式会議

(4) 環太平洋地域諸国の経済連携協定

(5) 2020年に署名された巨大な経済連携協定

<解答群>　ア APEC　　イ ASEAN　　ウ EU　　エ RCEP　　オ TPP

(1)		(2)		(3)		(4)		(5)	

2 国際収支に関する次の式の　①　～　⑤　にあてはまる語句を書きなさい。

$\boxed{①}$ ＋ $\boxed{②}$ － $\boxed{③}$ ＋誤差脱漏＝0

$\boxed{①}$ ＝ $\boxed{④}$ ＋ $\boxed{⑤}$ ＋第二次所得収支

$\boxed{④}$ ＝貿易収支＋サービス収支

①		②	
③		④	
⑤			

3 日本の貿易収支の黒字が減少傾向にある理由を，「製造業」，「海外生産」，「資源」，「輸出」，「輸入」という語を用いて，50字程度で説明しなさい。

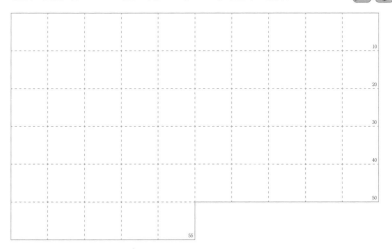

3節 金融のグローバル化(1)

教科書 p.50〜53

● 要点整理

正答数　　／27問

教科書の内容についてまとめた次の文章の（　　　）にあてはまる語句を書きなさい。

1 金融とは何か

教科書 p.50〜52

Check!

　金融は，（①　　　　　　　　　　）と（②　　　　　　　　　　）という二つの役割を持っている。（①）とは，各経済主体の収入と支出のタイミングのずれを調整し，それぞれがより有効にお金を使えるようにする機能である。また，個人や企業にとってリスクは小さいほうがよい。例えば，保険に加入することで，個人や企業が持っていたリスクの一部が保険会社のものになる。このような機能を（②）という。

　資金は金融取引を通じて，貸し手から，借り手へと流れる。貸し手は資金を貸すことで，将来，貸した資金（元本）に加えて（③　　　　　　　　　）を得ることができる。借り手は（④　　　　　　　），（⑤　　　　　　　），（⑥　　　　　　　）などを発行し，貸し手はそれらと交換に資金を提供する。このように，貸し手と借り手の間で資金貸借が行われる場を（⑦　　　　　　　　　），そしてそれらを取り扱う専門機関を（⑧　　　　　　　　　）という。

　経済のグローバル化により，金融商品は時間と国境を越えて飛躍的に増加し，従来の金融商品から派生したさまざまな（⑨　　　　　　　　　　　　）がつくられ取引されている。

　金融の形態は，大きく（⑩　　　　　　　　）と（⑪　　　　　　　　　）に分けられる。（⑩）では，最終的な貸し手と最終的な借り手が（⑦）を通じて，直接資金の受け渡しを行う。貸し手は借り手の支払いに関する全てのリスクを引き受けたうえで取引する。借り手が倒産するなどして資金が返済されなかったり，延滞が発生したりする可能性があり，それらは（⑫　　　　　　　　　　）と呼ばれる。（⑪）では，最終的な貸し手と最終的な借り手との間に銀行などの（⑧）が仲介し，貸し手と借り手はそれぞれ（⑧）と取引する。貸し手は銀行に資金を預け，銀行は自らの責任により，その資金を借り手に提供する。このように，（⑪）では貸し手は（⑫）を回避し，安全に金融取引を行うことができる。

2 金融商品

教科書 p.52〜53

Check!

　直接金融の金融商品は（⑬　　　　　　　　　）と呼ばれ，市場で流通し（⑭　　　　　　　　）と（⑮　　　　　　　　）に分けられる。（⑬）には信用リスクがある。企業が倒産する場合，（⑭）はある程度返済される可能性はあるが，（⑮）は企業価値がなくなれば，全く返済されない。

　間接金融の代表的な金融商品は（⑯　　　　　　　　　）であり，資金に余裕のある貸し手が銀行に資金を預ける。

⑯には満期のない⑰（　　　　　　　　　）と満期のある⑱（　　　　　　　　　）などがある。⑲（　　　　　　　　）も間接金融の金融商品とみなされる。

　間接金融と直接金融の中間的な資金調達の方法を⑳（　　　　　　　　　）という。⑳の代表的な金融商品として㉑（　　　　　　　　）がある。多数の投資家から集めた資金を，多種類の債券や株式に分散して投資することで，リスクが低減される。

　収益性が高い金融商品はリスクが高く［⑳（　　　　　　　　　）］，収益性が低いものはリスクが低くなる［㉓（　　　　　　　　　）］。このように，収益性と安全性は，㉔（　　　　　　　　）の関係にある。

　貸し手にとって，資金を多様な金融資産にどのように振り分けるかは重要な問題であり，これを㉕（　　　　　　　　　）という。

　㉕が現実の金融商品に応用される過程で，数学や経済学，統計学など幅広い学術分野の知見が取り入れられ，㉖（　　　　　　　　）という新しい研究分野が生まれた。近年，毎分，毎秒単位の全上場企業の株取引がビッグデータ化され，最先端科学技術が集結し，金融工学は㉗（　　　　　　　　）と呼ばれるまでに進化した。

▶Step 問題

正答数	／16問

1 次の各文の下線部が正しい場合は○を，誤っている場合は正しい語句を書きなさい。

(1)　家計や企業などの収入と支出のタイミングのずれを調整する金融の役割を<u>所得の再分配機能</u>という。

(2)　金融の役割のうち，保険に入ることで，家計や企業のリスクの一部が保険会社に配分され，家計や企業のリスクが減少する機能を<u>収集機能</u>という。

(3)　近年，従来の金融商品から派生した，先物やオプションなどのさまざまな<u>デリバティブ</u>が取引されている。

(4)　銀行などの金融機関の仲介によって，最終的な貸し手から最終的な借り手に資金が融通される金融システムを<u>直接金融</u>という。

(5)　借り手の財務状況の悪化や倒産などによって，貸し手が提供した資金が返済されない危険性を<u>為替変動リスク</u>という。

(1)		(2)	
(3)		(4)	
(5)			

2 次の(1)～(5)の金融商品について，直接金融に属するものにはＡを，間接金融に属するものにはＢを，市場型間接金融に属するものにはＣを書きなさい。

(1) 株式　　(2) 保険　　(3) 預貯金　　(4) 債券　　(5) 投資信託

(1)		(2)		(3)		(4)		(5)	

3 次の文章の(①)～(⑤)にあてはまる語句を，〈解答群〉の中から一つずつ選び，記号で答えなさい。

　金融商品は収益性と安全性が(①)の関係にあるため，全ての金融商品は，収益性は高いが安全性は低い(②)か，収益性は低いが安全性は高い(③)といった性格になる。貸し手にとっては，それぞれの金融商品を的確に組み合わせて，収益性と安全性のバランスの取れた(④)によって資産を運用することが重要になる。近年，ICTを金融に活用する技術の総称である(⑤)の進化によって，より効率的な資金運用が可能になった。

〈解答群〉　ア　フィンテック　　イ　トレード・オフ　　ウ　ポートフォリオ選択
　　　　　　エ　ハイ・リスク・ハイ・リターン　　オ　ロー・リスク・ロー・リターン

①		②		③		④		⑤	

4 投資信託について，「分散」，「株式」，「債券」，「リスク」，「金融商品」，という語を用いて50字程度で説明しなさい。

3節 金融のグローバル化(2)

● 要点整理

正答数 ／37問

教科書の内容についてまとめた次の文章の（　　　）にあてはまる語句を書きなさい。

Check!

3 金融機関

教科書 p.54

直接金融を主に担当するのは（①　　　　　　　　　）であり，（①）は有価証券の売買に関わる業務を行う。（①）が専門知識を活かしながら多種多様な金融商品を紹介することで，企業などの借り手は資金調達のコストを大幅に削減できる。

間接金融を主に担当するのは（②　　　　　　　　　）であり，貸し手と借り手を仲介する業務を行う。（②）が資金運用のリスクを全て負担するが，集めた資金を多数の企業や個人に貸すことにより，信用リスクを分散している。また，（②）は，資金の受け入れと貸し出しを繰り返すことにより，資金の総額を増やす（③　　　　　　　　　）の役割も担っている。

Check!

4 金融市場

教科書 p.55

貸し手と借り手は，さまざまな金融市場で，特定の金融商品を巡って取引を行う。

1年以内に満期のくる金融商品が取引される市場を（④　　　　　　　　　　）という。（④）は（⑤　　　　　　　　　　）とも呼ばれ，金融機関の間で一時的な資金の過不足を調節するための（⑥　　　　　　　　　　）と，企業や政府なども参加できる（⑦　　　　　　　　）に大きく分けられる。

1年以上先の期間（無制限を含む）に満期のくる金融商品が取引される市場を（⑧　　　　　　　　　）という。（⑧）は（⑨　　　　　　　　　　）とも呼ばれ，間接金融の（⑩　　　　　　　　　　）と直接金融の（⑪　　　　　　　　）に分けられる。（⑩）は企業が長期間使用する土地，工場，建物などの生産設備投資のための資金を融通するものである。

（⑪）は（⑫　　　　　　　　　）と（⑬　　　　　　　　）に分けられ，どちらにも発行市場と流通市場がある。日本の（⑬）では，（⑭　　　　　　　　）の発行額が占める割合が最大となっている。

株式は，東京，名古屋，福岡，札幌に開設された（⑮　　　　　　　　　　）を中心に取引されている。特定企業の株式が，それぞれの証券取引所で取引できるようになることを（⑯　　　　　　　　）といい，日本の上場企業数と売買高の9割以上は（⑰　　　　　　　　　）に集中している。初めて上場することを（⑱　　　　　　　　）といい，証券会社が公開価格などの条件を調整する。

5 日本の金融

Check!

　1980年代までの日本の金融は，主に銀行からの長期貸出，つまり，間接金融に依存してきた。戦後からの過程で，日本は経済成長を積み重ね，先進国として成熟の域に達すると，日本の金融市場は，従来の資金不足から資金余剰の状態に変化し，その関心は，どれだけ資金を調達できるかから，どれだけ有利に資金を運用できるかに移った。

　かつては，銀行などの金融機関に対してさまざまな規制が課され，経営効率の悪い銀行などが破綻しないための政策が取られていた。しかし，この(⑲　　　　　　　　　)と呼ばれる仕組みにより，金融市場の効率化は進まなかった。

　その後，1990年代なかばから(⑳　　　　　　　)・(㉑　　　　　　　)・(㉒　　　　　　　　)のスローガンのもとで始まった大規模な金融制度改革である(㉓　　　　　　　　　　)によって，日本の金融システムは大きく変化した。大手銀行では，経営統合が進み，現在は3大メガバンクなどに集約されている。また，国境を越えた金融取引も活発化し，国際競争力の向上と金融自由化の進展のために，2000年に(㉔　　　　　　　　)が設立された。

　(㉓)以前には，銀行は間接金融の担当，そして，証券会社は直接金融の担当といった役割分担が近年まで厳格に守られてきたが，(㉓)以降，徐々に変化している。

　ところで，国際的な業務を行う銀行の(㉕　　　　　　　　　)の適正水準は，(㉖　　　　　　　　　)によって，(㉗　　　　　　)％以上と定められている。日本では，1993年からこの水準が適用され，日本の銀行の国内外における住み分けが不可避的に進むことになった。

　日本の家計の金融資産は，半分以上が現金と(㉘　　　　　　　)で占められている。この割合は欧米と比べて極端に高い。(㉙　　　　　　)や(㉚　　　　　　)への積立金が次に大きく，これらの間接金融資産額が全体の80％以上を占めている。これは，家計のリスク回避の傾向を示している。家計は特に間接金融市場の主要な貸し手となっている。

　日本の企業の資金調達は，銀行からの借り入れが約25％でアメリカに比べ間接金融に依存していることがわかる。

　日本では少子高齢化社会が到来して(㉛　　　　　　　　)が進み，国内の経済活動の先行きが不透明となった。日本企業は海外にその活路を見出し，海外で直接投資による(㉜　　　　　　　)を設立し，海外企業の合併と買収〔(㉝　　　　　　　)〕を積極的に行い，海外企業との連携にも積極的に参加するようになった。一方で，国内の新たな投資が増えることはなく，結果として，企業の利益のうち，(㉞　　　　　　　)が積み上がり，資産から負債を引いた純資産が増加した。

1990年代に入ると，「(㉟ 　　　　　　　　　　)」と呼ばれる(㊱ 　　　　　　　　)の低成長時代が長引いたために，政府は資金不足を補うため，大量の公債を発行し，日本の財政の健全性に深刻なダメージを与えることになった。この時代を通じて，企業の資産純額が黒字になっているが，不況により国内に新たな融資案件が乏しく，借入金の返済が促進された影響が大きい。かつては，日本の家計による貯蓄額は大きく，特に1990年代に入るまでは大幅な資金余剰の状態にあり，企業や政府の資金不足を補填してきた。1990年代以降，家計の所得に占める貯蓄額を表す(㊲ 　　　　　　　)は減少傾向にある。

▶Step問題

正答数　　／10問

1 次の各文の下線部が正しい場合は○を，誤っている場合は正しい語句を書きなさい。

(1) かつて，日本では，経営効率が悪い銀行などが破綻しないように，体力の弱い金融機関を守る政策がとられていたが，その仕組みを護送船団方式という。

(2) 日本で，1990年代半ばから実施された大規模な金融制度改革をアベノミクスという。

(3) 1990年代から始まった，日本の大規模な金融制度改革のスローガンはフリー・フェア・ダイバーシティである。

(4) 国際業務を行う銀行の自己資本比率はBISによって10%以上と定められている。

(5) 国際競争力の向上と金融自由化の進展のために，2000年に財務省が設立された。

(1)		(2)		(3)	
(4)		(5)			

2 次の図は「金融市場」に関するものである。図中の ① ～ ⑤ にあてはまる語句を書きなさい。

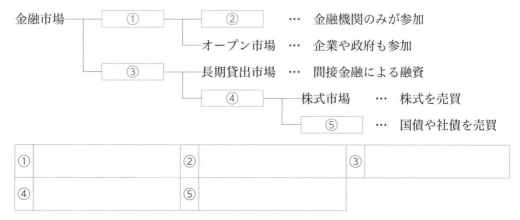

金融市場 ┬ ① ┬ ② … 金融機関のみが参加
　　　　 │　　└ オープン市場 … 企業や政府も参加
　　　　 └ ③ ┬ 長期貸出市場 … 間接金融による融資
　　　　　　　└ ④ ┬ 株式市場 … 株式を売買
　　　　　　　　　 └ ⑤ … 国債や社債を売買

①		②		③	
④		⑤			

37

3節 金融のグローバル化(3)

要点整理

正答数 ／25問

教科書の内容についてまとめた次の文章の（ ）にあてはまる語句を書きなさい。

Check!

6 外国為替

教科書 p.60〜64

国際間の商取引において，金銭的なやり取りが発生する際，金融機関の仲介により決済する仕組みを（① ）という。

国際貿易は銀行間の資金のやり取りだけで決済が完了するが，ある国の通貨と別の国の通貨との交換が必要になる。その交換比率が（② ）と呼ばれる。

（③ ）は元々，国際貿易により為替手形が取引される際，銀行が貿易に必要な外国通貨を取引する市場であったが，現在は財やサービス及び為替手形の移動を伴わない，単に資金のみが移動する利益目的の外国通貨売買が圧倒的に多くなっている。

（③）では，大規模な資金を運用する（④ ）として，銀行に加え保険会社などの（⑤ ），及び（⑥ ）や（⑦ ）が参加している。加えて，一般企業や家計の（⑧ ）も参加できる。中央銀行である（⑨ ）は金融政策の一環として（①）の取引を実行することも多いが，その取引のタイミングや規模は，政策内容の漏えいにより効果に影響がでないように，原則公開されない。

（③）は，世界中の銀行や中央銀行がブローカーである（⑩ ）を仲立ちとして取引を実行する（⑪ ）と，銀行などで企業や家計が（⑪）での（②）を基準に外貨を売買する（⑫ ）に分けられる。

原則，政府や中央銀行が介入することなく，需要と供給が一致する均衡為替レートで常に取引される制度を（⑬ ）という。ドル需要とドル供給は時間とともに刻々と変化し，為替レートが自由に上下することにより，新たな均衡為替レートのもと，需要と供給が一致し売買が成立する。（⑬）では，国際貿易の際，代金の支払い，または受け取りのタイミングにずれが生じ，為替レートの変動によって損得が発生する。現在では，世界の大多数の国が（⑬）を採用している。

第二次世界大戦後の（③）はアメリカを中心とする（⑭ ）のもと，国際貿易による世界経済の繁栄を目指し，各国通貨はアメリカドルと，そしてアメリカドルは金と固定レートとする固定レート制になった。この制度を

（⑮　　　　　　　　　　　　　　　　）という。（⑮）は，為替レートの変動による損得は発生せず，国際貿易はその面ではやりやすくなる。この（⑮）は，日本や西ドイツなどの経済復興に大きく寄与した。しかし，アメリカ政府の財政不安から，アメリカドルと金との交換が中止されたことに端を発した，いわゆる（⑯　　　　　　　　　　　　）により，当時の主要国であった日本や西欧諸国などの通貨とドルは不可避的に（⑬）に移行した。

　1997年の（⑰　　　　　　　　　　　　）は，タイ，マレーシア，インドネシア，韓国など，当時急速に経済成長していたアジア諸国を直撃した。当時，多くの開発途上国が固定レートを採用していたが，これを契機に，ほとんどの国が（⑬）に移行した。

　（⑬）のもと，各国で使っている通貨が異なることに起因するリスクを（⑱　　　　　　　　　　）という。例えば，日本が外国に商品を輸出した場合，その代金を受け取ったときの為替レートが円安になれば（⑲　　　　　　　　　　）が発生し，円高になれば（⑳　　　　　　　　　　）が発生する。逆に，日本が商品を輸入する場合，その代金を振り込んだときの為替レートが円高になれば（⑲）が，円安になれば（⑳）が発生する。

　この（⑱）を回避する（㉑　　　　　　　　　　）の方法として，将来のある時点に，あらかじめ定めた為替レートと数量で外貨を売る，もしくは買う約束（契約）である（㉒　　　　　　　　　　）や，将来のある時点に，あらかじめ定めたレートと数量で外貨を売る，もしくは買う権利である（㉓　　　　　　　　　　）などの金融派生商品（デリバティブ）がある。レートが大きく有利に動き，大きな（⑲）が見込める場合は，（㉓）は（㉒）より魅力的な方法となる。さらに，（㉓）は権利（金融商品）なので，貿易業者以外の幅広い投資家が利益目的で（㉓）市場に盛んに参入している。

　（⑱）への長期的な対応には次のようなものがある。

1	製造業であれば，外国で部品などを調達し，（㉔　　　　　　　　　　）することにより，（⑱）を回避することは可能である。（㉔）することにより，部品費用だけでなく，現地労働者の賃金も含めて（⑱）を回避できる。
2	隣り合った国どうしでは，使用する通貨が違うと非常に不便である。そこでEU諸国のうち，大半の国が共通通貨である（㉕　　　　　　　　　　）を導入したため，ユーロ圏内の（⑱）は解消されたことになるが，EUには大きな経済格差が歴然として残り，巨額の財政・貿易赤字で苦しんでいる国もある。

1・2は亜目と対応しているよ！

1 次の各文の下線部が正しい場合は○を，誤っている場合は正しい語句を書きなさい。

(1) アメリカドルと日本円のように，異なる通貨の交換比率を<u>外国為替レート</u>という。

(2) 金融市場で大規模な資金を運用する銀行や保険会社のことを<u>ヘッジファンド</u>という。

(3) 銀行などの限られた金融機関のみが参加する外国為替市場を<u>金融市場</u>という。

(4) 銀行などで企業や家計が外貨を売買する外国為替市場を<u>先物市場</u>という。

(5) 異なる通貨の交換比率が，需要と供給により変動する制度を<u>固定為替相場制</u>という。

(6) 将来のある時点で，あらかじめ定めたレートと数量で外貨を売る，もしくは買う権利を<u>通貨オプション</u>という。

(1)		(2)	
(3)		(4)	
(5)		(6)	

2 次の〈年表〉は「外国為替市場」に関するものである。〈年表〉中の ① ～ ⑤ にあてはまる語句もしくは数字を書きなさい。

＜年表＞

1944年	ブレトンウッズ合意	ブレトンウッズ体制のもと，金1オンス＝35ドル，1ドル＝ ① 円の固定レートといった ② のスタート
1971年	③	アメリカ大統領が金とドルの交換停止を宣言
	スミソニアン合意	1ドル＝ ④ 円にドルが切り下げ
1973年	－	円が ⑤ に移行
1976年	キングストン合意	⑤ の承認，金の廃貨が決定

①		②	
③		④	
⑤			

③節 金融のグローバル化(4)

教科書 p.65〜67

● 要点整理

正答数　／7問

教科書の内容についてまとめた次の文章の（　　）にあてはまる語句を書きなさい。

Check!

7 金融のグローバル化の現状

教科書 p.65・67

各国の中央銀行は（① 　　　　　　　　　　）に主要な外国通貨を国際通貨として預け入れることにより，自国の外貨準備高が不足した際，外貨を特別に引き出すことができる権利を得る。その権利のことを（② 　　　　　　　）という。

国や政府の信用をもとに中央銀行が発行・管理し，私たちが普通に使っている（③ 　　　　　　　）でなく，コンピュータ計算により作成・発行される，民間の発行体による（④ 　　　　　　　）が誕生した。

開発途上国を含めて，各国の主要都市には，その国を代表する株式市場があり，その国の金融の中心となっている。そして，各国の金融をまとめる形で，各地域を代表する（⑤ 　　　　　　　　　　）がある。

元々世界中で生産活動を行う多国籍企業が本社や本社機能の一部を置き，合法的に法人税を節税するための場所を（⑥ 　　　　　　　　　　）という。この政策で，シンガポールやドバイなども世界中の多国籍企業の誘致に成功している。多国籍企業は従来から，国際的な生産・販売活動を進めてきた。近年では，（⑦ 　　　　　　　）により他国や地域の大企業を合併，買収したり，持株会社化による経営統合を進めてきた。このような傾向は，業種を問わず，規模もそれほど大きくないような上場企業にもみられるようになった。

▶ Step 問題

正答数　／4問

1 次の各文に最も関係の深いものを〈解答群〉中から一つずつ選び，記号で答えなさい。

(1) ビットコインやリップルなど

(2) 外貨を特別に引き出す権利

(3) 取締役会や株主が，企業の経営がきちんと行われているのかを確認する仕組み

(4) 法人税を節税するための場所

〈解答群〉　ア　コーポレートガバナンス　　イ　SDR

　　　　　　ウ　暗号資産　　　　　　　　　エ　タックス・ヘイブン

(1)		(2)		(3)		(4)	

4節 情報のグローバル化

教科書 p.68〜75

● 要点整理

正答数 ／23問

教科書の内容についてまとめた次の文章の（　　　）にあてはまる語句を書きなさい。

ここでは，情報通信技術（ICT）の発達と個人情報の概要をふまえたうえで，情報のグローバル化の現状をみていこう。

1 情報通信技術（ICT）の発達

教科書 p.68〜69

Check!

コンピュータの驚異的な進歩とインターネットの普及，そしてそれらの利用技術の発達は，現代の（① 　　　　　　　　　　）を支える基盤となっている。

現代では，コンピュータは，携帯電話や産業用ロボット，さらには時計や自動販売機などにも組み込まれており，私たちの生活に不可欠のものになっている。

現代の私たちの社会においては，人と人，人と企業，企業と企業などはインターネットで繋がっており，そこから新しいコミュニケーションやビジネスのあり方などが生み出されている。例えば，（② 　　　　　　　　）の拡大は，商業のあり方に大転換をもたらしている。

近年は，（③ 　　　　　　　）（物のインターネット）と呼ばれる，これまで単体で利用されていた物をインターネットに接続して利便性や操作性を高める技術が発展してきている。

これまでは，インターネットを経由して人と人が繋がって情報をやりとりしてきた。それに対して，（③）は，自動車，テレビなどの家電製品などのさまざまな物が，インターネットに直接接続して情報のやり取りをしようとするシステムである。

これらの物にはたいてい（④ 　　　　　　　）が取り付けられており，（④）が獲得する情報を活用することによって物の利用の利便性が増すことになる。

2 個人情報の利用と管理・保護

教科書 p.70〜72

Check!

スマートフォンなどの携帯情報端末と（⑤ 　　　　　　　）などの位置情報システムとが連動すると，その端末を持っている個人の位置情報を蓄積し，訪れた場所を一覧で確認したりすることができるようになる。

現代の高度情報化社会では，個人の行動や嗜好，あるいは経済状況や健康状態などを表す大量の情報が，（⑥ 　　　　　　　　　）として蓄積されている。そして，（⑥）を解析して，マーケティングなどに活用する技術も急速に発達している。

高度情報化社会では，他人に知られたくない個人の情報が意図せず流出するリスクが高まっている。

例えば，インターネットに接続されたパソコンなどが（⑦　　　　　　　　　　）
に感染してしまい，私的な写真などが流出した事例がある。

また，企業が取得した（⑧　　　　　　　　　　）などのデータが，顧客の知らないところで，
第三者に流出した事例もある。

さらに，クレジットカードのデータには，加入者の利用状況や（⑨　　　　　　　　　）な
どが記録されており，その情報を参照するとカード加入者の購買に関する（⑩　　　　　　　　）
が明らかになってしまうかもしれない。

そのため，そのような個人に関する情報の扱いには慎重さが要求される。個人情報の扱
いにはルールが必要である。

個人情報を保護する観点から制定されたのが（⑪　　　　　　　　　　　　）（個人情
報の保護に関する法律）であり，日本では2003年5月に成立した。

なお，日本の（⑪）においては，個人情報とは，生存する個人に関する情報であって，そ
れによって特定の個人が識別されるものである。また，現行の（⑪）では，個人情報を扱う
すべての事業者がこの法律の規制対象になる。

個人情報保護のための法律がある国は少なくない。しかし，そのような規制や法律が生
まれた由来は，国ごとにさまざまである。国民の（⑫　　　　　　　　　　　　　　　）のた
めの法制から出発した国も少なくない。また，多くの国や地域における，個人情報保護や
（⑫），あるいはデータの保護などの規制や法律は，その国の国内だけでなく，国外にデー
タを持ち出す（⑬　　　　　　　　　）も規制の対象にしている場合がある。したがって，日
本の事業者が海外での事業で得た（⑧）などの個人情報は，この種の規制や法律の対象にな
る場合がある。そのため，海外で事業を行ったり，あるいは海外との取引を行ったりする
場合には，十分に注意する必要がある

3 情報のグローバル化の現状

教科書 p.73〜74

Check!

インターネット上のさまざまな情報は，容易に国境の壁を越えて，世界中に拡散してい
く。その結果，思いもよらない事態が生じる場合もある。

近年，インターネット上では，システムの技術的な弱点を突くことなどによって行われ
る犯罪である（⑭　　　　　　　　　）が，国境を越えて行われることがある。例えば，自分
のパソコンに保管しておいた預金口座に関するデータが，海外の（⑮　　　　　　　　　）
によって不法に獲得され，預金を引き出されるなど，財産上の被害を受けることなども起
こりうる。このような被害を防止するために，（⑯　　　　　　　　　）などの管理は厳格に
しておく必要がある。

社会のグローバル化が進み，国境を越えての人の移動やインターネット上での情報の交流が活発化するのに伴い，（⑰　　　　　　）や（⑱　　　　　　），（⑲　　　　　　）などの（⑳　　　　　　　　）の侵害行為が多発する傾向がある。例えば，海外旅行中に偽ブランド品のバッグを購入することは，（⑱）などの侵害となる。

また，インターネット上での音楽作品や動画などの（㉑　　　　　　　　　　　）なども（⑲）の侵害になる。

現代の高度情報化社会は，（⑳）によって保護されたさまざまな画期的かつ先進的なアイディアがあるからこそ成り立っている。知的財産権の保護は，高度情報化社会の存立にとって不可欠な条件なのである。

4 情報のグローバル化と課題

教科書 p.75

Check!

情報技術などの急速な進歩が，私たちの生活をより良くし，経済の（㉒　　　　　　）を高めることは確かである。しかし，その一方で，他人のプライバシーを侵害したり，犯罪捜査を難しくさせるなど，社会にさまざまなゆがみをもたらす恐れもある。とりわけ，（㉓　　　　　　　　）の進展に伴って，そのようなきしみは世界中で拡大していく傾向がある。そのような状況を回避するために，国際的な調整や協調が必要となってくる。

▶Step 問題

正答数　　／21問

1 次の各文の下線部が正しい場合は○を，誤っている場合は正しい語句を書きなさい。

(1) 物をインターネットに接続して利便性や操作性を高める技術を SNS という。

(2) 既存の一般的な方法では処理できないほどの巨大な情報をビッグデータという。

(3) インターネット上で行われる不正アクセスなどの犯罪を越境移転という。

(4) コンピュータに関する深い知識を利用して悪事を働く人をクリエイターという。

(5) 偽ブランドの商品の販売や購入は著作権を侵害している。

(1)		(2)		(3)	
(4)		(5)			

2 次の(1)〜(5)のうち，〈条件〉に合うものはAを，それ以外はBを書きなさい。

<条件>　知的財産権に属するもの

(1) 商標権　　(2) 著作権　　(3) プライバシー権　　(4) 特許権　　(5) 占有権

(1)		(2)		(3)		(4)		(5)	

3 次の文章の (①)～(⑤) にあてはまる語句を〈解答群〉の中から一つずつ選び，記号で答えなさい。

情報は容易に国境を越えることができるため，インターネットの進展とともに，情報の (①) は急速に拡大した。それに伴い，動画の違法ダウンロードなどの (②) の侵害やプライバシーの侵害，(③) なども国境を越えて行われるようになった。このような状況を回避するためには，国際的な (④) や (⑤) が不可欠である。

＜解答群＞ **ア** 知的財産権 **イ** 調整 **ウ** サイバー犯罪 **エ** 協調
オ グローバル化

①	②	③	④	⑤

経済のグローバル化

3章

4 教科書 p.70 の「提供するに当たって不安な情報」を参照し，次の問いに答えなさい。
(1) 日本人が他国に比べ特に不安に感じている情報を二つ書きなさい。
(2) 日本人が不安を感じる情報の特徴について感じることを書きなさい。

(1)	
(2)	

5 次の文章の (①)～(④) にあてはまる語句を書きなさい。

インターネットを通じての情報の拡散には，いったん情報が拡散してしまうとそれを拡散前の状況に戻すことができないという (①) がある。

SNSやブログなどへの書き込みは，その内容によって相手の名誉を傷つけてしまうと，(②) 罪などに該当する恐れがある。また，旅行などで友人と一緒に撮った写真をSNSに投稿する場合，あらかじめその友人の許諾を得ておかないと，(③) などに該当する恐れがある。

また，短文投稿サイトに投稿された (②) に該当する文章を転載することによって，元の文章の投稿者だけでなく，転載者も (④) を負うことなどもある。

インターネット上では慎重な行動をすることが大切である。

①		②	
③		④	

1 グローバル人材に求められる能力，知識，スキルなどを書き出そう。

2 **1** で書き出した能力，知識，スキルなどから，あなたがグローバル人材になるために身に付けたいものを選び，それを身に付けるための手段や方策を考えてみよう。

能力・知識・スキルなど	手段・方策

3 外務省の Web サイトなどを参考に，現在，日本が FTA/EPA を締結している国や地域，TPP 参加国，RCEP 参加国を書き出そう。

FTA/EPA 締結国	
TPP 参加国	
RCEP 参加国	

4 **3** で書き出した国や地域について，白地図で整理し，特徴や問題点，どの国や地域に拡大するべきかなどのあなたの意見を，自由に書き出そう。

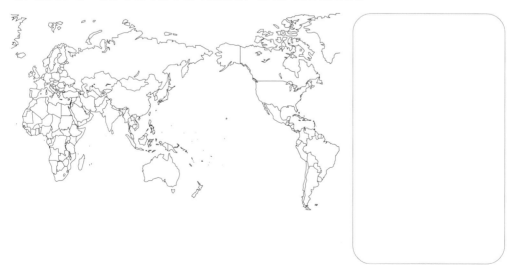

　日本銀行や財務省のWebサイトから，①直近，②10年前，③20年前の日本の国際収支状況のデータを調べ，増加しているものと減少しているものを挙げ，その原因について考えてみよう。

（単位：億円）

	① 　　　　年	② 　　　　年	③ 　　　　年
経常収支			
貿易・サービス収支			
貿易収支			
サービス収支			
第一次所得収支			
第二次所得収支			
資本移転等収支			
金融収支			
直接投資			
証券投資			
金融派生商品			
その他投資			
外貨準備			
誤差脱漏			

増加している項目

原因

減少している項目

原因

1 フィンテックについての最新のニュースや情報を探し，概要を書き出してみよう。

2 円とドルの為替相場（為替レート）を，連続する5日間，観察してみよう。

	為替相場	前日比	為替相場に影響を及ぼした事象
例	108.26	−0.05	アメリカの金利の引き下げが予想された。
月　日（　）			
月　日（　）			
月　日（　）			
月　日（　）			
月　日（　）			

3 直近の国際金融センターランキングを調べてみよう。1980年代に「世界三大金融センター」の一つと言われた東京が，順位を下げている理由について考えてみよう。

1位		2位		3位	
4位		5位		6位	
7位		8位		9位	
10位					

次の(1)〜(21)にあてはまる用語を書きなさい。

1回目□
2回目□ (1)　開発途上国から技能を身に付けるために来日した外国人労働者。

（　　　　　）

□ (2)　企業と利益と損害を共にする人々。

（　　　　　）

□ (3)　多様な人材を活用すること。多様性。

（　　　　　）

□ (4)　多様な価値観・能力をもった人材を活用した経営。

（　　　　　）

□ (5)　年齢や勤続年数に比例して賃金が上昇していく賃金体系。

（　　　　　）

□ (6)　企業が一度採用した正社員を定年まで雇用する制度。（　　　　　）

□ (7)　労働条件の改善などを目指す目的で，従業員によって企業単位で組織された団体。

（　　　　　）

□ (8)　将来の貢献度や潜在的な能力を賃金に反映させる賃金体系。

（　　　　　）

□ (9)　単年度の業績や貢献度を重視する賃金体系。（　　　　　）

□ (10)　自国や他国の文化に対する理解を前提に，さまざまな分野で活躍できる人材。（　　　　　）

□ (11)　企業が生産活動を行う際に購入する財。（　　　　　）

□ (12)　最終的に消費者によって使用される財。（　　　　　）

□ (13)　各国が，比較優位を持つ財を輸出しあうことで，いずれの国も豊かになるという経済理論。

（　　　　　）

□ (14)　(13)を最初に唱えたイギリスの経済学者。（　　　　　）

□ (15)　各国が得意な財の生産に特化し，分業すること。（　　　　　）

□ (16)　先進国が工業製品，開発途上国が原材料や食料を生産する(15)の形態。

（　　　　　）

□ (17)　先進国間で，工業製品の貿易を行う(15)の形態。（　　　　　）

□ (18)　1947年に締結された貿易自由化のための国際協定。

（　　　　　）

□ (19)　(18)を引き継ぎ，1995年に設立された常設の国際機関。

（　　　　　）

□ (20)　特定の国や地域の間において，財やサービスに関する貿易の障壁を削減・撤廃することを目的とする協定。

（　　　　　）

□ (21)　(20)の内容を，投資，知的財産権の保護，人の移動などまで拡大した協定。

（　　　　　）

▲アプリは
こちらから

アプリでほかの問題にもチャレンジしてみよう！

49

次の(1)〜(19)にあてはまる用語を書きなさい。

1回目 □
2回目 □ (1)　1993年に創設されたヨーロッパの経済統合。　（　　　　　　）

□ (2)　(1)の創設などについて決議した条約の通称。（　　　　　　）

□ (3)　イギリスが(1)から離脱したことを意味する造語。（　　　　　　）

□ (4)　1967年に発足した，東南アジアにおける経済統合。
（　　　　　　）

□ (5)　1989年に発足したアジア・太平洋地域の経済について話し合う非公式な会議。
（　　　　　　）

□ (6)　2016年に12か国により調印された，環太平洋諸国が加盟する自由貿易協定。
（　　　　　　）

□ (7)　2020年にASEAN10か国と日本，中国，韓国，オーストラリア，ニュージーランドが署名した経済連携協定。
（　　　　　　）

□ (8)　一国の国際取引の結果を，受け取りから支払いを引いた差額としてまとめたもの。（　　　　　　）

□ (9)　(8)のうち，財貨やサービスなどの実物取引の収支のこと。貿易・サービス収支と第一次，第二次所得収支から構成される。（　　　　　　）

□ (10)　民間における非営利の国際協力組織。（　　　　　　）

□ (11)　先進国政府が，開発途上国に行う経済援助。（　　　　　　）

□ (12)　国際経済全般について協議を行うための国際機関。
（　　　　　　）

□ (13)　日本において，(11)の実施の中心になる開発援助機関。
（　　　　　　）

□ (14)　各経済主体の収入と支出のタイミングのずれを調整する金融の役割・機能。
（　　　　　　）

□ (15)　それぞれの経済主体が抱えるリスクを低減させる金融の役割・機能。
（　　　　　　）

□ (16)　貸し手と借り手の間で資金貸借が行われる場。（　　　　　　）

□ (17)　従来の金融商品から派生したさまざまな取引や資産の総称。
（　　　　　　）

□ (18)　借り手と貸し手が株や債券の売買を通じて資金の貸借を行う金融の形態。
（　　　　　　）

□ (19)　貸し手が銀行などの金融機関に資金を預け，その資金が借り手に提供される金融の形態。（　　　　　　）

次の(1)～(22)にあてはまる用語を書きなさい。

1回目 □(1)　どちらか一方を取った場合，もう一
2回目 □　　　方を諦めなければならない状態。
（　　　　　　　　　　　）

□(2)　金融商品をどのように組み合わせて
□　　　運用するかという問題。
（　　　　　　　　　　　）

□(3)　ICTを金融に活用する技術。金融工
□　　　学のこと。（　　　　　　　　　）

□(4)　1年以内に満期のくる金融商品が取
□　　　引される市場。（　　　　　　　　）

□(5)　1年以上先に満期のくる金融商品が
□　　　取引される市場。（　　　　　　　）

□(6)　特定の株式が，それぞれの証券取引
□　　　所で取引できるようになること。
（　　　　　　　　　　　）

□(7)　特定の株式が，初めて証券取引所で
□　　　取引できるようになること。
（　　　　　　　　　　　）

□(8)　1990年代なかばから日本で始まっ
□　　　た大規模な金融改革。
（　　　　　　　　　　　）

□(9)　2000年に設立された，金融機関を
□　　　監督する省庁。（　　　　　　　　）

□(10)　総資本に占める自己資本の比率。
□
（　　　　　　　　　　　）

□(11)　ある国の通貨と別の国の通貨の交換
□　　　比率。
（　　　　　　　　　　　）

□(12)　各国の通貨の交換比率が，常に変化
□　　　する制度。
（　　　　　　　　　　　）

□(13)　第二次世界大戦終戦から1970年代
□　　　初頭までの国際通貨体制。
（　　　　　　　　　　　）

□(14)　各国の通貨の交換比率が固定・維持
□　　　される制度。
（　　　　　　　　　　　）

□(15)　1971年に，米大統領が米ドルと金
□　　　の交換停止を宣言したことから起きた
　　　　経済への影響。
（　　　　　　　　　　　）

□(16)　1997年にアジア諸国で起きた通貨
□　　　の急速な下落。（　　　　　　　　）

□(17)　為替相場が変動することによって予
□　　　想されるリスク。（　　　　　　　）

□(18)　(17)を回避するための手段や対策。
□
（　　　　　　　　　　　）

□(19)　将来のある時点で外貨を売買する約
□　　　束(契約)。（　　　　　　　　　）

□(20)　将来のある時点で外貨を売買する権
□　　　利。（　　　　　　　　　　　）

□(21)　1947年に設立された，国際金融の
□　　　安定や国際通貨協力を推進するための
　　　　国際機関。（　　　　　　　　　）

□(22)　(21)に加盟している国が，自国の外貨
□　　　準備高が不足した際，外貨を特別に引
　　　　き出す権利。（　　　　　　　　）

▲アプリは
こちらから

アプリでほかの問題にもチャレンジしてみよう！

51

1節 需要と供給による市場の理論(1) 教科書 p.78～80

要点整理

正答数 ／13問

教科書の内容についてまとめた次の文章の(　　　　)にあてはまる語句を書きなさい。

Check!

1 財と資源配分

教科書 p.78～80

経済活動に利用されるさまざまな財が(①　　　　　　)である(②　　　　　　)・(③　　　　　　)・(④　　　　　　)によって，生産や消費のために利用されている。

どの(①)に，どれだけ利用されるかという財の配分を(⑤　　　　　　)という。また，どのように(⑤)を行うかを決める社会的な仕組みを(⑥　　　　　　)という。(⑥)の一つに(⑦　　　　　　)がある。(⑦)は，分けようとする財に価格を付け，買い手と売り手の希望が一致するところで配分を実行する仕組みである。

(⑧　　　　　　)は，有効な(⑦)の例となる場合がある。

(⑦)は，「(⑨　　　　　　)な(⑤)を実現させる」という長所をもっている。(⑨)とは無駄がないことである。(⑦)以外の(⑥)では，必ずしも(⑨)にはならない。

市場経済においても，例えば，企業の内部では，市場を通じることなく，さまざまな財の(⑤)が行われている。

企業にはたくさんの(⑩　　　　　　)がいる。(⑩)が提供する財である労働は，市場において売買されている。労働が売買される市場を(⑪　　　　　　)というが，この市場は，労働の価格である(⑫　　　　　　)による調整が働いて成り立っている。

企業は内部に多数の(⑩)を雇用していて，必要に応じて彼らをさまざまな部署に配置して仕事をさせている。このような(⑩)の配置は，企業内での労働という財の(⑤)である。企業内部におけるこの(⑤)は，経営者の命令によって行われているのである。

このように，企業という(⑬　　　　　　)の内部では，権限のある者の命令によって(⑤)が行われている。このことから，(⑬)は市場とは異なる(⑤)機能を持っていることがわかる。

1 次の文章の（①）～（⑤）にあてはまる語句を，〈解答群〉の中から一つずつ選び，記号で答えなさい。

　経済活動に利用されるさまざまな財は，（①）によって，生産や消費のために利用されているが，どの（①）に，どれだけ利用されるかという財の配分を（②）という。

　また，限られた資源の配分を決める社会的な仕組みを（③）といい，その一つに（④）がある。これは効率的な（②）を実現する長所をもっており，（⑤）はその例となる場合がある。

<4章 市場と経済>

＜解答群＞　ア　オークション　　イ　抽選　　ウ　資源配分メカニズム

　　　　　　エ　市場メカニズム　　オ　経済主体　　カ　資源配分

①		②		③		④		⑤	

2 次の各文の下線部が正しい場合は○を，誤っている場合は正しい語句を書きなさい。

(1)　労働が売買される市場を<u>商品市場</u>という。

(2)　労働の価格である賃金率は，給与総額を<u>労働人数</u>で割って求められる。

(3)　企業内における資源配分は，権限のある者の<u>命令</u>によって行われている。

(4)　抽選による資源配分は，オークションによる資源配分よりも<u>効率的</u>といえる。

(5)　ある財に最も高い価値を見出している人が，その財を最終的に購入し，消費することになれば，<u>効率的</u>に財が利用されているといえる。

(1)		(2)		(3)	
(4)		(5)			

3 次の「オークションの事例」について書かれた文章を読み，あとの問いに答えなさい。

　Aさん，Bさん，Cさんの3人が，ある財のオークションに参加している。その財を購入するために，Aさんは180円，Bさんは220円，Cさんは280円まで支払ってもよいと思っている。

3人が財を買うために支払ってもよい価格

Aさん　180円　　Bさん　220円　　Cさん　280円

　このオークションは100円から開始され，10円ずつ価格が上がっていくとする。

(1)　この財を購入できるのは誰か答えなさい。

(2)　いくらで購入できるか答えなさい。

(1)	
(2)	

1節 需要と供給による市場の理論(2) 教科書 p.81〜85

● 要点整理

正答数 ／21問

教科書の内容についてまとめた次の文章の（ ）にあてはまる語句を書きなさい。

Check!

2 需要と供給

教科書 p.81〜85

私たちが財を購入したいとき，（① ）があるという。

（①）の法則について，X財市場を例に考えてみよう。X財市場における買い手のことを（② ）という。Xの価格がある金額のときに，Xの買い手全体が購入したいと思う量のことをXの（③ ）といい，その価格と（③）の関係を表に表したものを（④ ）という。（④）の情報を図に移し，縦軸を価格（P），横軸を数量（Q）で示したものを（⑤ ）という。

価格が下がると（③）が増え，価格が上がると（③）が減る。つまり，価格と（③）との間には逆の関係が成り立ち，（⑤）は（⑥ ）となり，その傾きは負となる。一般的に価格と（③）にはこのような関係があり，これを（⑦ ）という。

通常の市場において，（⑤）は（⑥）（傾きは負）である。消費者は価格が下がれば，前と同じ量か，前より多くの量が欲しくなるからである。つまり，消費者はどの財に対しても（⑥）の（⑤）を持ち，市場の（⑤）は全ての消費者の（⑤）を足し合わせたものになるので，やはり（⑥）の曲線となり，（⑦）を満たすことになる。

（③）を決める最も重要な指標は価格であるが，需要全体に影響を与える要因は他にもある。最も代表的な要因は，（②）の（⑧ ）である。多くの（②）の（⑧）が増えて前より豊かになれば，どの価格に対しても（③）は多くなるので，（⑤）は右に（⑨ ）する。逆に，所得が減れば，需要曲線は左に（⑨）する。

企業などが製品を生産し，商品を販売することを（⑩ ）という。

（⑩）の法則について，X財市場を例に考えてみよう。X財市場における売り手のことを（⑪ ）という。Xの価格がある金額のときに，Xの売り手全体がその財を生産し，売りたいと思う量のことをXの（⑫ ）という。その価格と（⑫）の関係を表に表したものを（⑬ ）という。（⑬）の情報を図に移し，縦軸を価格（P），横軸を数量（Q）で示したものを（⑭ ）という。価格と（⑫）との間には正の関係が成り立つ。（⑭）は（⑮ ）となり，その傾きは正となる。この価格と供給量との関係を（⑯ ）という。

どの市場でも（⑭）は（⑮）である。供給者はどの財に対しても，価格が上がれば，前と同

じ量か，前より多くの量を売りたくなるからである。つまり，供給者はどの財に対しても
⑮ の ⑭ を持ち，市場の ⑭ は全ての供給者の ⑭ を足し合わせたものになるので，⑮
の曲線となり，⑯ を満たすことになる。

⑫ を決める最も重要な指標は ⑰（　　　　　　　　）であるが，供給全体に影響を与える代
表的な要因には，⑱（　　　　　　　　）や ⑲（　　　　　　　　）がある。新しい企業が市
場に参入すると，市場全体の生産規模が増し，⑭ は ⑳（　　　　　　）にシフトする。また，
⑪ の ⑲ が進歩すると各企業の費用負担が減り，どの価格に対しても最適な生産量は増
加する。つまり，供給曲線は ⑳ にシフトする。原材料の価格が下がると，変動費が低下
し，生産がしやすくなる。その結果，⑫ は増加し，供給曲線は ⑳ にシフトする。逆に，
原材料の価格が上がると ⑫ は減少し，曲線は ㉑（　　　　　　）にシフトする。

▶Step 問題

正答数　／15問

1 需要に関する次の問いに答えなさい。💡

(1) 下のりんご市場の需要表から需要曲線を作成しなさい。

(2) 需要曲線は右上がり，右下がりのどちらになっているか答えなさい。また，傾きは正・
　　負のどちらになっているか答えなさい。

(3) (2)のような関係を何というか答えなさい。

▼需要表

価格	需要量
160円	0個
140円	20万個
120円	40万個
100円	60万個
80円	80万個
60円	100万個
40円	120万個
20円	140万個
0円	160万個

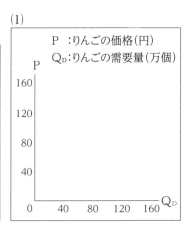

(1)

P ：りんごの価格(円)
Q_D：りんごの需要量(万個)

安ければ，たくさんりんごを買いたい。

160円ならりんごは買いたくないな。

りんご市場にはたくさんの需要者がいる

(2)		(3)	

2 次の各文の内容が正しい場合は○を，誤っている場合は×を書きなさい。

(1) 需要全体に影響を与える代表的な要因は，需要者の所得である。

(2) 供給全体に影響を与える代表的な要因には，生産設備や生産技術がある。

(3) 市場の需要曲線は全ての消費者の需要曲線を足し合わせたものになるので，右上がり
　　の曲線となる。

(1)		(2)		(3)	

3 供給に関する次の問いに答えなさい。

(1) 下のパン市場の供給表から供給曲線を作成しなさい。

(2) 供給曲線は右上がり，右下がりのどちらになっているか答えなさい。また，傾きは正・負のどちらになっているか答えなさい。

(3) (2)のような関係を何というか答えなさい。

▼供給表

価格	供給量
160円	160万個
140円	140万個
120円	120万個
100円	100万個
80円	80万個
60円	60万個
40円	40万個
20円	20万個
0円	0個

(1)

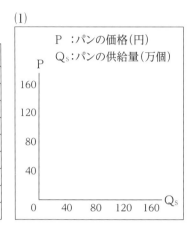

(2)		(3)	

4 下の図は，「需要の増加」を表したものである。この図に関する次の文章の①〜⑥にあてはまる語句・数値を答えなさい。

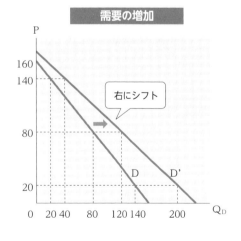

価格が140円のときは①個から②個に需要量は変化する。同じく80円のときは③個から④個に変化し，⑤円のときは140個から200個に需要量が増加する。つまり，各価格に対する需要量が増加するので，需要曲線DがD'に移動する。これを「右⑥」という。

①		②		③		④		⑤		⑥	

1節 需要と供給による市場の理論(3) 教科書 p.86〜91

● 要点整理

正答数 ／27問

教科書の内容についてまとめた次の文章の( )にあてはまる語句を書きなさい。

Check!

3 価格決定の仕組み

教科書 p.86〜88

同じ図にX財の需要曲線と供給曲線を表すと，二つの曲線の交点が一つ存在する。市場取引はこの交点で実行され，これを(①)という。(①) では，買い手側の買いたい量と売り手側の売りたい量がある価格で一致している。この価格のことを，(②)といい，需要と供給が同じになる量のことを(③)という。(②) において，需要と供給が過不足なく満たされる。

完全競争においては，供給者は市場から与えられた価値を純粋に受け入れる存在である(④)として，市場価格を受け入れている。市場において(②) が示されると，消費者の買いたい量(需要)と企業の売りたい量(供給)が一致し，その価格で取引は成立する。この状態は，完全競争市場における均衡，つまり(⑤)または(⑥)という。

需要法則と供給法則が満たされていれば，この均衡は存在する。そのため，ほとんどの財において，市場には(⑦)が存在することになる。つまり，どのような市場でも，(②) のもと，買い手と売り手の両者が満足する量の取引が成立する。

市場価格が最初から(②) と同じになるとは限らない。それでは市場価格が(②) からずれるとどうなるのだろうか。

市場価格が(②) よりも低くなれば，消費者の購買意欲が促進され，需要量は(③) より大きくなる。一方，生産者の販売意欲は減退し，供給量が(③) より小さくなる。つまり，需要量と供給量の差による(⑧)が発生し，品不足や売り切れの状態となる。(⑧) により，財を購入できなかった需要者のなかには，価格が上昇しても買いたいと思う人が存在する。また，供給者も，価格が上昇すれば前より多く生産できるため，売りたいと思うようになる。このように売り手に有利な市場である(⑨)では，価格が上昇するように圧力がかかるため，価格は少しずつ上昇し，それに応じて(⑧) も減少する。最終的に価格が(②) と等しくなると，(⑧) はゼロになり，再び均衡が達成される。

市場価格が（②　）よりも高い場合はどうなるだろうか。生産者が売りたい量（供給）が増加する一方，消費者が買いたい量（需要）は減少し，供給量が需要量より大きくなる状態である（⑩　　　　　　　　）が発生し，買い手に有利な市場である（⑪　　　　　　　　　　）で財が売れ残っている状態となる。そのため，価格は徐々に下落していき，最終的には，また（②）に戻る。

　価格が需要と供給を調整するメカニズムにより，価格が制限なく自由に動くような市場では，一つだけ安定的な（⑤　）が存在する。完全競争においては，必ず均衡が達成される。したがって，市場取引は，財の配分方法として理想的で，圧倒的な力を持つ。

4 需要や供給の変化と均衡　　　　　　　　　　　教科書 p.89〜91

Check!

　X財市場の均衡から，需要が増加した場合を考えてみよう。

　X財に対する好みが増すと，需要曲線は（⑫　　　　　　）にシフトする。このとき，前の均衡価格において（⑬　　　　　　　　　）が発生するため，市場価格が（⑭　　　　　　　）する。その際，最終的に新たな均衡価格に到達することになる。新しい均衡は前の均衡に比べ，均衡価格は（⑭）し，均衡量は（⑮　　　　　　　）することになる。（⑬）が発生すると，品不足を解消するには，財の値上げをするしか方法はなく，需要と供給を一致させるためには，価格の（⑭）が必要なのである。逆に，需要が減ると，需要曲線が（⑯　　　　　）にシフトし，（⑰　　　　　　　　）が発生して，均衡価格が（⑱　　　　　　）し，均衡量は（⑲　　　　　　）する。

　X財市場の均衡から，供給が増加した場合を考えてみよう。

　原材料費の低下により供給が増加し，供給曲線が（⑳　　　　　　）にシフトする場合，前の均衡価格のもとでは，（㉑　　　　　　　　）が発生して，市場価格は（㉒　　　　　　）する。売れ残りを解消するためには，値下げするしかなく，供給に合った需要を生み出すためには，その対価である価格の低下が必要である。一方，供給が減った場合は供給曲線が（㉓　　　　　）にシフトし，（㉔　　　　　　　　）が発生する。

　均衡価格は（㉕　　　　　　）し，均衡量は（㉖　　　　　　）する。

　上記のような需要や供給の変化に対応するため，価格は常に変化する。自由競争のもと，価格の自由な動きによって，生産者と消費者が互いに満足する形で需要と供給が一致し，（㉗　　　　　　）が達成されるのである。

1 需要表と供給表から需要曲線と供給曲線を作成し，作成した図について説明した次の文章の (①)〜(⑤) にあてはまる語句・数値を答えなさい。💡

同じ図に需要曲線と供給曲線を表すと，二つの曲線の交点が一つ存在する。市場取引はこの交点で実行され，これを (①) という。(①) では，買い手側の買いたい量と売り手側の売りたい量がある価格で一致している。この価格を (②) といい，需要と供給が同じになる量のことを (③) という。完全競争においては，供給者は市場から与えられた価値を純粋に受け入れる存在である (④) として，市場価格を受け入れている。このように完全競争市場における均衡を (⑤) という。

▼供給表

価格	供給量
160円	160万個
140円	140万個
120円	120万個
100円	100万個
80円	80万個
60円	60万個
40円	40万個
20円	20万個
0円	0個

▼需要表

価格	需要量
160円	0個
140円	20万個
120円	40万個
100円	60万個
80円	80万個
60円	100万個
40円	120万個
20円	140万個
0円	160万個

➡

P ：りんごの価格(円)
Q_D：りんごの需要量(万個)
Q_S：りんごの供給量(万個)

①		②		③	
④		⑤			

2 次の文章の (①)〜(⑧) にあてはまる語句を，〈解答群〉の中から一つずつ選び，記号で答えなさい。

ある財の市場について，その財に対する好みが増すと，需要曲線は (①) にシフトする。このとき，価格が変わらなければ (②) が発生することになるので，市場価格は (③) することになり，新たな均衡では，均衡価格が (③) し，均衡量は (④) することになる。逆に，需要が減ると，需要曲線は (⑤) にシフトし，(⑥) が発生して，均衡価格は (⑦) し，均衡量が (⑧) することで，同様に新たな均衡点に達することになる。

<解答群> ア 右 イ 左 ウ 超過需要 エ 超過供給
オ 上昇 カ 下落 キ 増加 ク 減少

①		②		③		④	
⑤		⑥		⑦		⑧	

3 市場価格が均衡価格からずれるとどうなるか，⑴市場価格が均衡価格よりも低い場合，⑵市場価格が均衡価格よりも高い場合について90字以内で説明しなさい。

(1)

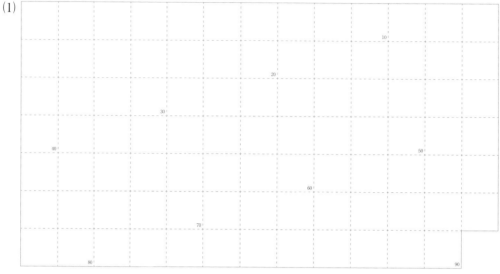

(2)

4 次の各文の内容が正しい場合は○を，誤っている場合は×を書きなさい。

⑴ 原材料費の低下は，供給を減少させることになる。

⑵ 超過供給が発生すると，市場価格は上昇する。

⑶ 供給が減った場合は，供給曲線は左にシフトするので，超過需要が発生する。

⑷ 自由競争のもとでは，価格が自由に変化することで，市場の調整が行われている。

⑸ 価格の自由な動きによって，生産者と消費者の少なくともどちらか一方は不満な状態ではあるが，均衡が達成されることになる。

(1)		(2)		(3)		(4)		(5)	

1節 需要と供給による市場の理論(4)　教科書 p.92〜98

● 要点整理
　　　　　　　　　　　　　　　　　　　　　　　　正答数　　／22問

教科書の内容についてまとめた次の文章の（　　　）にあてはまる語句を書きなさい。

Check!

5 市場の役割と課題
教科書 p.92〜96

　さまざまな企業が供給者として生産する財を，家計が需要者として消費する市場のことを（①　　　　　　　　）という。（①）で取引される財を生産するためには，土地・資本・労働といった（②　　　　　　　　）が必要である。この（②）の配分はどのように行われるのであろうか。

　労働と資本も市場を通して取引される。例えば，就職活動では，労働市場において企業が買い手として労働を（③　　　　　　　）し，家計が売り手として労働を（④　　　　　　　）する。完全競争のもと均衡が達成されると，企業の労働需要量と家計の労働供給量が一致する。結果として，理想的な労働の配分が実現する。

　資本も原則的には，企業が買い手となり，家計が売り手となる。（⑤　　　　　　　）では，家計の（⑥　　　　　　　）が供給され，企業の（⑦　　　　　　　）として需要される。完全競争のもと均衡が達成されると，企業の資本需要量と家計の資本供給量が一致し，理想的な資本の配分が実現する。このように，市場経済では，（①）において理想的な配分が決定されるのと同時に，その配分の生産を実現するため，（⑧　　　　　　　）で労働や資本の理想的な配分が決定される。

　もし市場で競争が制限され，完全競争の条件に当てはまらない（⑨　　　　　　　）になった場合，その結果は理想的なものにはならない。市場に唯一の生産者しか存在しない最もかたよった状態を（⑩　　　　　　）という。（⑩）では，生産者間の競争が全く行われないため，独占企業は自分の好きなように市場価格を決定でき，完全な価格支配力を持つ（⑪　　　　　　　　）になる。

　市場が（⑩）のとき，市場の需要は全て独占企業のものなので，需要曲線上のどの点でも取引ができるようになる。収入と費用を比較しながら，価格を調節することにより，最終的に最大利潤を達成する取引点である（⑫　　　　　　　）に行きつく。結果として，その価格である（⑬　　　　　　　）は競争価格より高くなり，（⑭　　　　　　　　）は競争均衡量より少なくなる。

　独占企業は，供給量を少なくすることにより，市場価格を上げて，消費者から利潤を得る。したがって，社会全体からみて財の配分は公正でなく，理想的でもなくなる。

市場に供給する企業数が複数かつ少数の場合もある。その(⑨)の状態を(⑮ 　　　　　　)という。

　市場が(⑮)の場合，完全競争と比較すると競争は緩くなり，市場価格が競争価格より高くなると想定される。一方，(⑩)と比較すると(⑮)のほうが競争が激しくなり，市場価格が(⑬)より高くなることはない。(⑮)は完全競争ではないため，(⑮)企業は完全なプライステーカーにはなれない。また，(⑩)でもないため，寡占企業は完全な(⑪)にもなれない。

　工業製品などでは，主要な参加企業が協力して，横並びで高い市場価格を設定することがある。これを(⑯ 　　　　　　　　　)という。この場合も，それが客観的に証明されれば(⑰ 　　　　　　　)違反となる。また，市場占有率が比較的大きな企業どうしの合併や統合は，競争を制限することにもなりかねないので，(⑱ 　　　　　　　　)の審議の対象になる。このように政府は，競争を制限するさまざまな活動に対して，市場における(⑲ 　　　　　　　)を保証している。しかし，国際的に激しい競争のなかにある産業や構造的な業績不振に苦しんでいる産業では，(⑳ 　　　　　　　)を防ぐため，大企業どうしの合併も認められることがある。

　外食産業では，それぞれの商品に対してある程度の(㉑ 　　　　　　　　　)を持っている。このように，自社の商品に(㉑)を持っているが，競争相手も存在する(⑨)の状況を，(㉒ 　　　　　　　)という。

▶Step 問題

正答数 　　／16問

1　次の各文の下線部が正しい場合は○を，誤っている場合は正しい語句を書きなさい。

(1)　企業が供給者として生産する財を，家計が需要者として消費する市場を<u>労働市場</u>という。

(2)　資本は原則的には労働と同じように，家計が<u>買い手</u>となる。

(3)　資本市場では，家計の貯蓄が供給され，企業の<u>投資資金</u>として需要される。

(4)　市場経済では，<u>生産要素市場</u>で労働や資本の理想的な配分が決定される。

(5)　日本を含めた世界のほとんどの国では，市場が独占にならないように<u>製造物責任法</u>が制定されている。

(1)		(2)	
(3)		(4)	
(5)			

2 次の文章の(①)〜(⑤)にあてはまる語句を,〈解答群〉の中から一つずつ選び,記号で答えなさい。

　市場で競争が制限され,(①)になった場合,その結果は理想的なものにはならない。最もかたよった(①)のケースは,市場に唯一の生産者しか存在しない(②)の状態である。このとき(②)企業は,完全な価格支配力を持つ(③)となる。最大利潤を達成する(④)では,(②)価格は競争価格より(⑤)なる。

〈解答群〉　ア　安く　　イ　高く　　ウ　プライスメーカー
　　　　　　エ　独占　　オ　不完全競争　　カ　独占均衡

①		②	
③		④	
⑤			

4章

市場と経済

3 次の各文に最も関係の深いものを〈解答群〉の中から一つずつ選び,記号で答えなさい。

⑴　市場に供給する企業数が複数かつ少数の場合の不完全競争の状態

⑵　独占禁止法を運用するために設置された機関

⑶　同じ産業の中の企業どうしが,適正な利潤を得ることができない状態

⑷　主要な参加企業が協力して,横並びで高い市場価格を設定すること

⑸　自社の商品に価格支配力を持っているが,競争相手も存在する不完全競争の状況

〈解答群〉　ア　寡占　　イ　独占的競争　　ウ　価格カルテル　　エ　過当競争
　　　　　　オ　公正取引委員会

(1)		(2)		(3)		(4)		(5)	

4 政府は,市場において競争を制限するさまざまな活動に対して,どのように自由競争を保証しているか100字程度で説明しなさい。

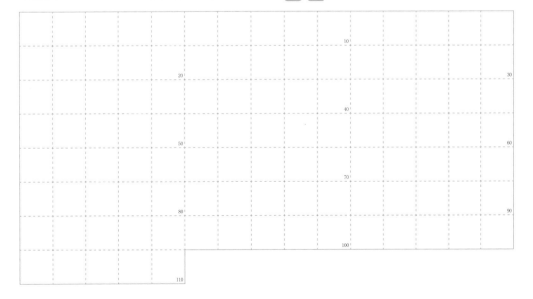

2節 経済成長(1)

教科書 p.99〜102

● 要点整理

正答数 ／30問

教科書の内容についてまとめた次の文章の（　　　）にあてはまる語句を書きなさい。

Check!

1 GDP

教科書 p.99〜102

GDP〔（①　　　　　　　　　　）〕とは，マクロ経済の活発さを表す指標である。

他の財の生産のために利用され，かつ生産された期間中に消えてしまう生産物を
（②　　　　　　　　　　）といい，（②）以外の生産物を（③　　　　　　　　　　）という。また，
ある企業の生産額から，その生産過程で使われた（②）の価値である中間費用を差し引いた
ものを（④　　　　　　　　　　）という。GDPとは，全ての生産者が生み出した（④）の合計で
あり，その期間中に生み出された（③）の生産額に相当する。

2020年における日本のGDPは（⑤　　　　　　　　　　）兆円程度であった。

第二次世界大戦前の主要産業であった（⑥　　　　　　　　　　）産業は，その比重を急激に低
下させており，近年では（⑦　　　　　　　　　　）産業の比重が高い。このように，経済の発展
とともに，産業の主力が（⑥）産業から，（⑧　　　　　　　　　　）産業，（⑦）産業に移っていく現象は，
（⑨　　　　　　　　　　）の法則と呼ばれている。

第二次世界大戦前は，生産設備が比較的小さい（⑩　　　　　　　　　　）が（⑧）産業の主力で
あった。戦後は自動車など，より巨額の生産設備を必要とする（⑪　　　　　　　　　　）が
発達した。近年では，多くの産業で知識，（⑫　　　　　　　　　　），（⑬　　　　　　　　　　），
（⑭　　　　　　　　　　）などの果たす役割が大きくなっている。

GDPの基礎となる付加価値は，（⑮　　　　　　　　　　）の価格に基づいて計算されるため，（⑮）
で適正な価格が付かない財・サービスの価値は，GDPに正しく反映されない。GDPの限
界は以前から指摘されているが，一国の生産力の指標として，GDPより優れていると広
く認められたものは，現時点では存在しない。

GDPは，それぞれの国の（⑯　　　　　　　　　　）単位で表示されているため，国際比較をす
るためには，（⑰　　　　　　　　　　）のような共通の通貨単位に換算する必要がある。
しかし，1ドル分の貨幣でどれだけ財を購入できるかは国によって異なるので，市場の為
替レートでドル換算されたGDPの国際比較は，生活実感からずれる可能性がある。この
点に配慮して計算されたものが（⑱　　　　　　　　　　）（PPP）の為替レートである。

GDPは（⑲　　　　　　　　　　）で生産された（⑳　　　　　　　　　　）の総額であるから，海外で
日本国民（個人や法人）が（⑳）を生み出したとしても，それが日本のGDPに算入されるこ

とはない。一方，外国民が日本国内で生産した(⑳)は日本のGDPに含まれる。

　国内と国外において，日本国民の貢献により生み出された(⑳)の合計を(㉑　　　　　)
(国民総生産)という。(㉑)は次の式で求められる。

(㉑) = GDP + (日本国民が外国で得た〔㉒　　　　　　〕) − 外国民が日本国内で得た(㉒)

　日本国民が外国で得る(㉒)のなかで大きな割合を占めるものは，私たちが持つ海外資産
からの(㉓　　　　　)・(㉔　　　　　)である。近年，日本が外国で得る(㉓)・(㉔)は，
日本から外国民に支払われるものより大きいため，近年の日本の(㉑)はGDPよりも大き
くなっている。

　一定期間中に生み出された価値を表すGDPは，水に例えるならば，一定期間中にどれ
だけの水が流れたかを表す流量に相当するものであり，(㉕　　　　　　　　)と呼ばれ
る。日本国内では，1年間にGDPに相当する額の最終生産物が生産され，その一部が消
費される。消費されなかった生産物の多くは，将来の生産活動のために(㉖　　　　　)
される。

　過去の(㉖)が累積した結果として，ある一時点に存在する機械設備やオフィスビルなど
生産設備の総計を(㉗　　　　　　　　)(固定資本)という。(㉗)は桶に貯まっている
貯水量のようなものであり，(㉘　　　　　　　　)と呼ばれる。

　(㉗)は，日々の生産活動に利用されるなかで壊れたりして，その価値の一部が失われて
いく。これを(㉙　　　　　　　)という。(㉗)に，住宅，自家車のような耐久消費財，
土地，対外純資産などを加えたものを(㉚　　　　　　)といい，私たちが保有する資産の
総額を表す。

▶Step 問題

正答数　　／13問

1　次の各文の内容が正しい場合は○を，誤っている場合は×を書きなさい。

(1)　トラクターなどの耐久的生産設備は中間生産物ではない。

(2)　家族による介護労働によって生み出された価値はGDPに加算される。

(3)　平均的な国民の経済状態を比較するには，国民一人当たりのGDPをみるとよい。

(4)　海外に住んでいる日本人が生み出した付加価値はGNPに算入されない。

(5)　近年，日本におけるGNPの額はGDPの額よりも少なくなっている。

(1)		(2)		(3)		(4)		(5)	

2 次の各文の下線部が正しい場合は○を，誤っている場合は正しい語句を書きなさい。

(1) GDP とは，マクロ経済の活発さを表す指標であり，日本語では国民総生産と呼ばれる。

(2) ある企業の生産額から中間費用を差し引いたものを付加価値という。

(3) ある国における，ある期間中に生み出された最終生産物の生産額の合計は100億円であった。GDP は50億円である。

(4) ある国における産業の主力が第一次産業から，第二次，第三次産業へ移っていく現象を資源配分メカニズムという。

(5) 各国の物価が同程度となるように計算された通貨の換算率を購買力平価 (PPP) という。

(1)		(2)		(3)	
(4)		(5)			

3 次の〈表〉は「ある国における経済活動を金額で示した表」である。教科書 p.102 の式を参考に，この国における GNP はいくらになるか，計算欄の空欄を補充しなさい。

〈表〉

項目	金額 (億円)
GDP	300
日本国民が外国で得た所得	40
外国民が日本で得た所得	25

GNP の計算

(①   億円)

+ (②   億円)

− (③   億円)
_____

(315   億円)
GNP

2節 経済成長(2)

● 要点整理

正答数 ／6問

教科書の内容についてまとめた次の文章の（　　）にあてはまる語句を書きなさい。

Check!

2 実質 GDP と名目 GDP

教科書 p.103

GDP は全ての財の価格が2倍になれば，実質的な生産活動に変化がなくとも，生産額は2倍になり，GDP の値も2倍になる。経済活動の活発さの指標として GDP をみるためには，（①　　　　　　　　）の変動による影響を取り除く必要がある。この調整を行った GDP を（②　　　　　　　　），調整を行う前の，その時々の価格で評価された GDP を（③　　　　　　　　）という。

Check!

3 実質 GDP と経済成長率

教科書 p.103〜104

実質 GDP の増加率を（④　　　　　　　　　　）という。実質 GDP は，長期的にみれば緩やかな上昇傾向を持つが，短期的には細かく上下に揺れている。この長期的な動きを（⑤　　　　　　　　）といい，短期的な振動を景気変動あるいは（⑥　　　　　　　　）という。

▶Step 問題

正答数 ／6問

1 次の各文の内容が正しい場合は○を，誤っている場合は×を書きなさい。

(1) 実質 GDP について，長期的な動きを景気循環，短期的な振動を経済成長という。

(2) 全ての財の価格が5倍になれば，GDP の値も5倍になる。

(1)		(2)	

2 次の〈表〉は「ある国における実質 GDP を示したもの」である。教科書 p.103 の式を参考にしてこの国の経済成長率は 20X0 年から 20X1 年にかけて，何%になるか計算しなさい。

<表>

年	20X0 年	20X1 年
金額 (億円)	1,000	1,100

$$\frac{(①\qquad 億円) - (②\qquad 億円)}{(③\qquad 億円)} \times 100 = (④\qquad)\%$$

2節 経済成長(3)

教科書 p.104〜108

● 要点整理

正答数 ／21問

教科書の内容についてまとめた次の文章の(　　　)にあてはまる語句を書きなさい。

Check!

4 物価指数と実質GDP

教科書 p.104〜106

さまざまな財の価格の全体的な動きである物価の動向をみるために, GDPデフレーター, 消費者物価指数 (CPI), 企業物価指数など, いくつかの指数が作られている。

名目GDPを実質GDPで割った値は (① 　　　　　　　) の尺度となる。この考え方に基づき, 作成される物価指数がGDPデフレーターである。

消費者物価指数は, 一般的な消費者の生計費の変化をみるために使われることが多い。消費者物価指数は, 基準年において一般的な消費者が購入する消費財の組み合わせである (② 　　　　　　　) を決めておき, その購入費用が基準年と比べてどれだけ変化したかを示すものである。これと同様に, 企業物価指数は, 鉄, 原油, 電力など, 一般的な企業が購入する財の組み合わせを (②) にして計算される。

時代の変化とともに, 人々の購入する財のリストは変化する。そのため, 基準バスケットの内容は, (③ 　　　　) 年ごとに見直されている。生鮮食品の価格はその時々の気候などの影響を強く受けるため, 日本では (②) から生鮮食品を除外し, 計算した消費者物価指数を (④ 　　　　　　　) という。また, 生鮮食品と中東情勢などの影響を強く受けるエネルギーの両方を除いて計算した消費者物価指数を (⑤ 　　　　　　　) という。

物価指数が1年の間にどれだけ変化したかを表す割合のことを (⑥ 　　　　　　　) [(⑦ 　　　　　　　)] という。どの物価指数を用いるかによって, (⑥) の値は若干異なるが, それらの値はおおむね (⑧ 　　　　) 動きをする。

物価が持続的に上昇する現象を (⑨ 　　　　　　　) といい, 以前と同じ金額で購入できる財の量は少なくなる。それとは逆に, 物価が持続的に下落し, 以前と同じ金額でより多くの財が購入できるようになる現象を (⑩ 　　　　　　　) という。

Check!

5 経済成長の要因

教科書 p.107〜108

実質GDPは個別の財の需要額と供給額を合計したものである (⑪ 　　　　　　　) と (⑫ 　　　　　　　) の影響を受けると考えられる。

経済全体としての供給能力を表す (⑫) は, ❶(⑬ 　　　　　　　) がどれだけ利用可能であるか, ❷生産を行う際の (⑭ 　　　　　　　) がどのような水準にあるか, ❸(⑬) が無駄なく利用されているか, といった要因で決まる。

日本経済が全体として供給できる労働時間の総量である（⑮　　　　　　　　　）は，今後どのように推移するか考える。日本の人口は1億3,000万人弱であるが，15歳から64歳までの（⑯　　　　　　　　　）は7,500万人程度である。日本の（⑯）は，少子高齢化の進展により低下傾向にあるが，（⑰　　　　　　　　　）が上昇すれば，（⑮）は増加する可能性がある。しかし，少子高齢化による影響で，（⑰）などが増加するとは考えにくく，日本の（⑮）は減少傾向にあると考えられる。

労働の質は資本設備と同じように耐久性を持つので，（⑱　　　　　　　　　）とも呼ばれる。教育や職業訓練などは，労働供給を質的に改善させる活動である。

国民の貯蓄が活発に行われたり，外国から多くの投資資金が流入したりする国では，資本ストックが拡大し，経済成長率が高まる。この資本ストックの拡大のことを，（⑲　　　　　　　　　）という。資本ストックには，機械設備のような私的なものだけでなく，道路，学校，インターネット情報網といった（⑳　　　　　　　　　）も含まれる。

また，生産要素の供給量が増えないとしても，（㉑　　　　　　　　　）が改善されれば，生み出される生産物の量が増えたり，質が高まるなどして，生み出される価値が増加する可能性がある。

▶Step 問題

正答数　　　／12問

1 次の各文の下線部が正しい場合は○を，誤っている場合は正しい語句を書きなさい。

(1) 名目 GDP を実質 GDP で割ったものを GNP デフレーター という。

(2) 基準バスケットから生鮮食品とエネルギー価格を除いた消費者物価指数を コア指数 という。

(3) 物価が持続的に上昇し，以前と同じ金額で購入できる財の量が減少する現象を インフレーション という。

(4) 資本ストックの拡大のことを，資産蓄積 という。

(5) 総供給 は生産要素や技術の水準，生産要素が無駄なく使われているかによって決定される。

(1)		(2)		(3)	
(4)		(5)			

2 次の各文の説明にあてはまる語句を,〈解答群〉中から一つずつ選び,記号で答えなさい。

(1) 基準年において一般的な消費者が購入する消費財の組み合わせ

(2) 日本経済が全体として供給できる労働時間の総量

(3) 道路,学校,港湾といった,経済活動の前提となる社会的基盤となるもの

(4) 生み出される生産物の量や,質の高まりに関係しているもの

＜解答群＞　ア 労働供給量　　**イ** 基準バスケット　　**ウ** GDP デフレーター

エ 購買力平価　　**オ** インフラストラクチャー　　**カ** 生産技術

(1)		(2)		(3)		(4)	

3 次の各用語について(1)は20字以内,(2)は15字以内,(3)は40字以内で説明しなさい。

(1) コア指数

(2) インフレーション

(3) デフレーション

3節 景気循環とインフレーション 教科書 p.109〜112

● 要点整理

正答数 ／23問

教科書の内容についてまとめた次の文章の（　　）にあてはまる語句を書きなさい。

実質GDPなどの指標は，谷→拡張期→山→後退期→谷という上下運動を繰り返している。このような動きを（①　　　　　　　　）（景気変動）という。このなかで，実質GDPなどが相対的に高い時期を（②　　　　　　），低い時期を（③　　　　　　）と呼ぶ。

1 景気指標

教科書 p.109

Check!

景気と密接な関係を持つさまざまなデータを総合して作られ，景気が拡張期にあるか後退期にあるかを示すものを景気動向指数という。景気動向指数には，（④　　　　　　）指数，（⑤　　　　　　）指数，（⑥　　　　　　）指数の3種類があり，それぞれ，将来，現在，過去の景気動向を示している。

2 景気循環の要因

教科書 p.110〜111

Check!

イギリスの経済学者（⑦　　　　　　　　）は，経済の総供給能力には，総需要に比べて十分な余裕があり，実際のGDPは総需要に制約されて決まると考えた。この考え方を（⑧　　　　　　　　）という。物価が上昇すれば，経済全体の需要の合計である総需要は減少し，経済全体の供給の合計である総供給は増加する傾向がある。実質GDPと物価水準は，右（⑨　　　　　　　）の総需要曲線と，右（⑩　　　　　　　）の総供給曲線の交点で定まる。

総需要とは（⑪　　　　　　）の消費，（⑫　　　　　　）の投資，（⑬　　　　　　）支出，（⑭　　　　　　）などの合計である。何らかの理由によってそのいずれかが減少すれば，総需要曲線は左にシフトする。この現象を（⑮　　　　　　　　）という。

一方，総需要のいずれかが増加すれば（⑯　　　　　　　　）が起こり，総需要曲線は右にシフトし，（⑰　　　　　　）の拡大と（⑱　　　　　　　　）が起こる。

供給側においては，何らかの理由によって企業の生産コストが上昇すると，企業は以前と同じ物価の下で従来と同じ生産量を維持することはできなくなる。このような現象を（⑲　　　　　　　　　　）という。（⑲）は総供給曲線を左にシフトさせ，（⑰）の後退と（⑱）を引き起こす。このような現象を（⑳　　　　　　　　）という。

一方で，企業の生産コストを低下させるような技術革新は，プラスの供給ショックであり，総供給曲線を右にシフトさせ，(⑰) の拡大とデフレーション，または (⑱) の沈静化を引き起こす。このような，供給側の変動が景気変動の主要な原因であるとする考え方を

(㉑) という。

教科書 p.112

3 景気循環と物価変動の弊害

Check!

　急激なインフレーションが起これば，過去に蓄積した資産を預金などで運用している人は資産の価値が実質的に下がることで損をするし，住宅ローンを負っている人はその負担が実質的に減ることで得をする。このように予期されていなかった物価の変動によって，好ましくない (㉒) が起こる。

　また，急激なインフレーションのもとでは貨幣はうまく機能しなくなる。第一次世界大戦後のドイツなどでは，(㉓) と呼ばれる超高率のインフレーションが起こった。

▶Step 問題

正答数 ／9問

1 次の各文の内容が正しい場合は○を，誤っている場合は×を書きなさい。

(1) 経済活動が停滞する不況期には企業は事業を縮小したり，倒産に追い込まれたりする。

(2) 先行景気動向指数の値が50と100の間にある場合は，景気は近い将来，拡張する傾向があると考えられる。

(3) マイナスの需要ショックが発生すると，景気の拡大とインフレーションが起こる。

(4) マイナスの需要ショックを引き起こす原因としては，悪天候や環境悪化，石油などの輸入原材料価格の上昇などがある。

(5) 累進的な税制を採用している国においては，物価の変動によって税制をゆがめられてしまうことがある，

(1)		(2)		(3)		(4)		(5)	

2 近年ハイパー・インフレーションが起こった国を，二つ書きなさい。

3 マイナスの需要ショックが発生したときに総需要曲線はどのようにシフトするか，右のグラフに書きなさい。

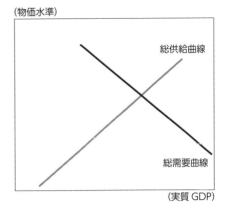

(物価水準)

総供給曲線

総需要曲線

(実質 GDP)

4 景気を表す次の指標がどのようなものか，⑴は40字以内，⑵は45字以内で説明しなさい。

⑴　短観 (全国企業短期経済観測調査)

						10
						20
						30
						40

⑵　景気ウォッチャー調査

4節 経済政策(1)

教科書 p.113〜118

要点整理

正答数 ／37問

教科書の内容についてまとめた次の文章の（　　　）にあてはまる語句を書きなさい。

国や地方自治体などの政府は，税を徴収したり，道路やダムなどを整備したりするなど，資金の出納を伴うさまざまな活動を行っており，これを（① 　　　　　）という。

1 政府の役割

Check!

教科書 p.113〜114

市場が効率的な（② 　　　　　）を達成するためには，いくつかの前提条件がある。それらが満たされない場合，市場によって実現される状態は必ずしも効率的にならない。このような現象を（③ 　　　　　）という。公園のような社会的に必要な（④ 　　　　　）は，私企業ではなく政府によって供給されなければならず，政府が市場に介入することで（③）を補うことを，政府の（⑤ 　　　　　）という。

市場が効率的な（②）を実現できるとしても，政府が所得の高い人から税を徴収し，それを所得の低い人に支給するなど，格差を是正することが必要である。これを政府の（⑥ 　　　　　）という。この機能を果たす政策としては，高額所得者に高率の税を課す（⑦ 　　　　　）のほか，（⑧ 　　　　　），（⑨ 　　　　　）などの社会保障制度がある。なお，社会保障給付なども含めた日本の政府の支出規模はGDPの半分に迫るが，このように政府が大きな影響力を持つ市場経済を（⑩ 　　　　　）体制という。

政府は総需要を調整して，景気を安定させることがあるが，これを政府の（⑪ 　　　　　）という。税制や社会保障制度は，（⑥）だけでなく，（⑪）も果たしている。これらの機能は，景気の変動に従って自動的に発動されるものであり，自動安定化装置〔（⑫ 　　　　　）〕と呼ばれる。

これに対し，景気を刺激するために公共事業を拡大したり，税制を変更したりすることは，裁量的財政政策〔（⑬ 　　　　　）〕と呼ばれる。1930年代のアメリカでは（⑭ 　　　　　）と呼ばれる不況が発生し，政府はダム建設などの大規模な公共事業である（⑮ 　　　　　）を行ったが，これらは裁量的財政政策の一例である。

2 国の予算制度

Check!

教科書 p.115

政府は毎年，1年度分の収入である（⑯ 　　　　　）と支出である（⑰ 　　　　　）の計画を立てるが，これを（⑱ 　　　　　）という。また，各年度の終わりには収支の結果

を示す決算書が作成される。国の⑱と決算は国会で審議，承認される必要がある。

　国の予算は⑲（　　　　　　　　　　）と⑳（　　　　　　　　　　　）に分けられている。政府は消防，警察，国防，社会保障などの一般的な行政活動に関わる支出である㉑（　　　　　　　　　　）を，所得税，法人税，消費税などの租税と国債発行によってまかなっている。これらを合算し，政府全体としての収支をみるのが⑲である。一部の事業については，㉒（　　　　　　　　　　）の原則などにより，その支出を特定の財源でまかなうよう定められている。このような事業については，⑳と呼ばれる個別の予算が作られている。

　また，国は政府の信用に基づいて集めた資金などを，さまざまな政策目的に応じて作られた公庫や公団などに貸し付けており，これを㉓（　　　　　　　　　　）という。

3 社会保障制度

教科書 p.116

　1961年に㉔（　　　　　　　　　　），㉕（　　　　　　　　　　）の制度が実現したが，公的医療保険は，高齢化と医療技術の高度化が進むなかでその給付額が年々増加しており，財政を圧迫する要因となっている。2000年からは，㉖（　　　　　　　）制度が導入された。

　公的年金制度についても，かつては業種ごとにさまざまな制度が並立していたが，1986年にその基礎的な部分が統一された。現在，全ての国民が基礎的な年金として㉗（　　　　　　　）に加入することになっている。

4 税

教科書 p.117〜118

　政府が徴収している税は，所得税や法人税のような㉘（　　　　　　　），相続税や固定資産税のような㉙（　　　　　　　），消費税やたばこ税のような㉚（　　　　　　　）の三つに分類される。所得税は，税率を㉛（　　　　　　　）にできるため，所得格差を小さくすることができ，間接税に比べて市場をゆがめることも少ない。そのため日本では，㉜（　　　　　　　）以来，所得税が重視されてきた。一般的に，税制は，より高い能力を持つ者はより大きな税を負担をする，という㉝（　　　　　　　）と，同じ所得であれば職業などに関わらず同じ税を負担する，という㉞（　　　　　　　）の二つを満たさなければならないと考えられている。法人税は企業の㉟（　　　　　　　）（利益）にかかる税である。財政赤字の削減に向けて新たな財源が模索されるなか，国内の企業が低い税率を求めて海外に移転することを恐れ，法人税率は一貫して減少傾向にあった。

　私たちが支払う社会保障負担金は，税に近い性質を持つ。国税，地方税に社会保障負担を加えたものが国民所得に占める割合を㊱（　　　　　　　）という。日本の政府は大きな㊲（　　　　　　　）を出しており，㊲は国債の発行によって一時的に返済を先延ばしにできるが，いずれは国民の税金によって返済されなければならない。

▶Step 問題

1 次の各文の内容が正しい場合は○を，誤っている場合は×を書きなさい。

(1) 公園のような公共財の供給を私企業に任せると，安定して供給される。

(2) 政府の所得再分配機能には，累進税や公的扶助，失業保険などのしくみがある。

(3) 政府の予算は，年度をまたいで編成してもよい。

(4) 所得税は特定の財にかける間接税と比べて，市場をゆがめてしまう税制である。

(5) 今後日本においては所得税に頼る税制では十分な税収を確保できない可能性がある。

(1)		(2)		(3)		(4)		(5)	

2 次の各文の下線部が正しい場合は○を，誤っている場合は正しい語句を書きなさい。

(1) 市場が効率的な資源配分を達成するための前提条件が満たされないとき起きる現象を市場の失敗という。

(2) 景気を刺激するために公共事業を拡大したり，税制を意図的に変更したりすることをビルド・イン・スタビライザーという。

(3) 政府は毎年1年度分の歳入と歳出の計画を立てている。これを決算という。

(4) 政府の信用に基づいて集めた資金などを，さまざまな公庫や公団に貸し付けているが，これを財政投融資という。

(5) 2022年度における国税比率をみると，消費税が約33％占めており，日本における歳入を支えている。

(6) 租税，社会保障負担に財政赤字を加えた値が国民所得に占める比率を，国民負担率という。

(1)		(2)	
(3)		(4)	
(5)		(6)	

3 教科書p.117を参考に，「税」に関する次の表を完成させなさい。

税の分類	例
所得課税	所得税・（①　　　　　）税
（②　　　　　）課税	相続税・固定資産税
（③　　　　　）課税	消費税・たばこ税

4節 経済政策(2)

教科書 p.118〜124

要点整理

正答数 ／26問

教科書の内容についてまとめた次の文章の（　　）にあてはまる語句を書きなさい。

5 財政赤字と国債

教科書 p.118・119

Check!

財政赤字は（①　　　　　）の発行でまかなわれる。日本の法律では，道路，港湾などの建設費に充てられる（②　　　　　　）を除いて，国債の発行が禁じられている。しかし1975年以降は，特例法によって（③　　　　　　）を発行することが常態化している。

一般会計総額に対する新規国債発行額の比率を（④　　　　　　）という。2022年度の（④）は34％程度である。

累積した国債を返済するための（⑤　　　　　　）が他の歳出を圧迫し，他の政策の財源が確保できなくなることを（⑥　　　　　　）という。政府が発行する国債を日本銀行が新たに発行した貨幣で買い取ることを（⑦　　　　　　）というが，安易に繰り返されると（⑧　　　　　　）が失われてしまう。また，政府が大量の国債を発行すると，金融市場における資金が不足する。これによって，利子率が上昇してしまうことで民間企業による投資の資金調達が困難になってしまうことを（⑨　　　　　　）という。

6 地方財政

教科書 p.120

Check!

地方自治体における地方税収は国の税収より小さい。そのため，国は地方自治体に対し，（⑩　　　　　　）や（⑪　　　　　　）を財政資金として提供している。地方が実施する事業の費用の一部を国が負担するものが（⑩）であり，用途が定められている。それに対し，（⑪）には用途の定めがない。

7 財政の現状と課題

教科書 p.121

Check!

今後さらに進展すると考えられている（⑫　　　　　　）は財政収支に大きな悪影響を与えるだろう。

政府は財政の健全性を維持するため，支出の無駄を削減するとともに，税収を引き上げる努力をしている。1989年に導入された（⑬　　　　　　）が段階的に引き上げられ，2019年には10％となったこともその表れである。

8 貨幣と金融政策

⑭（　　　　　　　）, ⑮（　　　　　　　）, ⑯（　　　　　　　）という三つの重要な機能を, 貨幣は果たしている。

日本銀行券を発行する日本銀行は, 日本における唯一の⑰（　　　　　　　）であり, 唯一の⑱（　　　　　　　）, ⑲（　　　　　　　）, ⑳（　　　　　　　）という三つの性質を持っている。

なお, 日本銀行は紙幣を独占的に発行でき, それによって支払いをされた場合, 日本銀行券の受け取りを拒否できない, という法的な㉑（　　　　　　　）を与えられた法貨である。

㉒（　　　　　　　）は, 社会に広く存在する小口の余剰資金を預金として広く集め, それらをまとめて企業などに貸し出す金融仲介機能を果たしている。㉒の㉓（　　　　　　　）や㉔（　　　　　　　）などは, 安全性が高く, いつでも好きなだけ現金に換えることができ, 企業間取引の大きな部分が小切手や銀行口座間の振替などで行われていることからもわかるように, 高い利便性を備えている。

貨幣は, 現金だけでなく, 流動性が十分に高い他の金融商品も含むと考えられる。しかし, 金融商品には流動性の極めて高い預金通貨から, ㉕（　　　　　　　）のように流動性がさほど高くないもの, さらに流動性の低い国債まで, さまざまな種類があり, それらのどこまでを貨幣の定義に含めるかについては複数の考え方がある。

なお, 個人や一般企業が保有する貨幣の総額を㉖（　　　　　　　）という。

▶Step 問題

正答数　　／7問

1 次の各文の内容が正しい場合は○を, 誤っている場合は×を書きなさい。

(1) 日本においては, すべての国債の発行が禁止されている。

(2) 2022年度における我が国の国債依存度は39％程度である。

(3) 地方交付税は, 地域間の格差解消に役立つものである。

(4) 貨幣における, 利便性と安全性という二つの性質をまとめて流動性という。

(5) 日本銀行券による支払いは一定枚数以上であれば受け取りを拒否することができる。

(6) 金融市場における資金が不足し, 利子率が上昇してしまうことで民間企業による投資の資金調達が困難になることを, 財政の硬直化という。

(7) 個人や一般企業が保有する貨幣の総額をマネタリー・ベースという。

(1)	(2)	(3)	(4)	(5)	(6)	(7)

4節 経済政策(3)

教科書 p.124〜126

● 要点整理

正答数 ／14問

教科書の内容についてまとめた次の文章の（　　　）にあてはまる語句を書きなさい。

教科書 p.124〜126

Check!

【4▶預金準備制度】　市中銀行は，預金者から低い金利で預金を預かり，それを高い金利で企業などに貸し付け，その金利差から利益を得ている。しかし，金融機関に対する不安が高まるなどして，一時期に大量の預金者が預金を引き出そうとすれば，銀行は預金の払い戻しに応じることができなくなる。このような現象を（①　　　　　　　　）という。

（①）などに備え，市中銀行は預かった預金の一定割合以上を（②　　　　　　　）として日本銀行に預け入れることを義務付けられており，これを（③　　　　　　　）という。

なお，日本銀行は預金に対して必要とされる準備金の割合である（④　　　　　　　）を操作できる。市場に流通する現金通貨と，市中銀行の持つ日本銀行の準備金の合計は，日本銀行の負債総額にあたり，（⑤　　　　　　　　　　　　　）と呼ばれる。

Check!

【5▶信用創造】　日本銀行は，市中銀行に資金を貸し出すことがある。例えば，日本銀行がある市中銀行に1万円を貸し出しすれば，（⑤）は1万円増加するが，これにより，人々が持つ市中銀行の預金量は大きく変化し，結果としてマネー・ストックの変化分は1万円よりも大きくなる。これを（⑥　　　　　　　　）という。

Check!

【6▶金融政策】　日本銀行が（⑤）を操作すれば，銀行の預金量は変化するが，預金の大部分は企業などへの貸し出しに向かうので，日本銀行の行動は金融市場やマクロ経済に大きな影響を与えることになる。これが（⑦　　　　　　　　）である。経済が過熱しており，インフレーションが懸念されるときに，（⑤）を減少させて銀行の貸出量を減少させれば，企業が投資資金や運転資金を調達することは困難になるが，これにより総需要は低下し，インフレーションの圧力を下げることができる。このような政策は（⑧　　　　　　　　）と呼ばれる。逆に，総需要が不足する不況期に（⑤）を増大させ，銀行からの借り入れを容易にすることで総需要を引き上げ，景気回復を図ることが（⑨　　　　　　　　）である。

Check!

【7▶公開市場操作】　金融政策は，銀行間で1日単位の短期的な貸借が行われるコール市場における利子率である（⑩　　　　　　　　　　　）に目標値を設定し，それが実現するように（⑪　　　　　　　　）（オペレーション）などを行うことで実施される。（⑪）には，日本銀行が国債などを買い取ったり，それを担保に資金を貸し出したりする資金供給のためのオペレーションと，日本銀行が保有する国債などを売却するなどの資金吸収のた

めのオペレーションがある。資金供給のためのオペレーションが行われ，日本銀行が市中銀行の保有する国債を購入すれば，その代金が市中銀行の日銀口座に振り込まれるため，(⑤) が拡大し，(⑥) を通してマネー・ストックが増える。

9 金融政策の現状と課題

教科書 p.126

Check!

1990年代以降，日本経済の低迷が続いたことから，物価が下落する傾向が続いた。日本銀行は，デフレーションの阻止と景気回復のための金融緩和を続け，1999年以降はコール・レートの目標値を事実上0％とする(⑫　　　　　　　　)を断続的に行っている。2001年からは，金融政策のターゲットをコール・レートから(⑬　　　　　　　　)に変更し，それを増やすことを目指すようになった。この(⑭　　　　　　　　)は，2006年に一旦解除されたが，その後再開されている。

▶Step 問題

正答数　　／8問

1 次の各文の内容が正しい場合は○を，誤っている場合は×を書きなさい。

(1) 市中銀行は，預金者から高い金利で預金を預かり，それより低い金利で企業などに貸し付け，その金利差によって利益を得ている。

(2) 取り付け騒動などにそなえて，市中銀行は日本銀行へ一定割合以上の預金を預け入れているが，これを準備金という。

(3) 日本銀行が市中銀行にお金を貸し出してもマネタリー・ベースが増加することはない。

(4) 金融政策は日本銀行の政策委員会において決定される。

(5) 景気が悪いときに日本銀行は国債などを売却し，市場から資金を回収する。

(1)		(2)		(3)		(4)		(5)	

2 次の各文の下線部が正しい場合は○を，誤っている場合は正しい語句を書きなさい。

(1) 日本銀行は，市中銀行の預金に対して必要とされる準備金の割合を操作できるが，これを法定預金率という。

(2) 不況期にマネタリー・ベースを増大させ，景気回復を図ることを金融引き締めという。

(3) 日本銀行は1999年以降，コール・レートの目標値を事実上0％にするゼロ金利を断続的に行っている。

(1)		(2)		(3)	

◆探究問題　1

1 インターネットを活用して，世界の名目GDP上位10か国を調べよう。

2 日本の景気低迷期において行われた財政政策について，インターネットなどを活用して調べ，まとめてみよう。

1 自分の住んでいる地方自治体の歳入額と歳出額を調べてみよう。また，そのうち自主財政はどのくらいを占めているのか調べてみよう。

2 ふるさと納税のメリットとデメリットについてまとめ，制度に対する自分の意見を書いてみよう。

次の(1)〜(19)にあてはまる用語を書きなさい。

1回目 □(1)　家計・企業・政府のこと。
2回目 □
　　　（　　　　　　　　　）

□(2)　どの(1)にどれだけ利用されるかと
□　　いう財の配分。（　　　　　　　　　）

□(3)　どのように資源の配分を行うかを決
□　　める社会的な仕組み。
　　　（　　　　　　　　　）

□(4)　(3)の一つで，買い手と売り手の希望
□　　する価格が一致するところで資源の配
　　　分を実行する仕組み。
　　　（　　　　　　　　　）

□(5)　買い手（消費者など）が商品を買お
□　　うとする気持ち。
　　　（　　　　　　　　　）

□(6)　企業が製品を生産し，商品を販売す
□　　ること。
　　　（　　　　　　　　　）

□(7)　多数かつ小規模の売り手と買い手
□　　が，同一あるいは同質の財を生産・消
　　　費し，いつでも取引に参加でき，取引
　　　されている財や売り手や買い手に関す
　　　るすべての情報を共有している状態の
　　　こと。　　　（　　　　　　　　　）

□(8)　(7)において，市場から与えられた価
□　　値を純粋に受け入れる供給者。
　　　（　　　　　　　　　）

□(9)　企業が供給者として生産する財を，
□　　家計が需要者として消費する市場。
　　　（　　　　　　　　　）

□(10)　土地・資本・労働のこと。
□　　　（　　　　　　　　　）

□(11)　(7)の条件に当てはまらない競争の状
□　　態。　　　（　　　　　　　　　）

□(12)　市場における価格設定者のこと。
□　　　（　　　　　　　　　）

□(13)　市場に唯一の生産者しか存在しない
□　　状態。　　（　　　　　　　　　）

□(14)　市場に供給する企業数が複数かつ少
□　　数で，(11)の状態にあること。
　　　（　　　　　　　　　）

□(15)　市場に参加する主要な企業が協力し
□　　て横並びで価格を決定すること。
　　　（　　　　　　　　　）

□(16)　同じ産業のなかの企業どうしが，適
□　　正な利潤を得ることができないほど，
　　　過度な競争を行うこと。
　　　（　　　　　　　　　）

□(17)　自店（自社）の商品に価格支配力を
□　　持っているが，競争相手も存在する(11)
　　　の状態。　（　　　　　　　　　）

□(18)　売り手は財の全ての情報を把握して
□　　いるのに，買い手はその一部しか知る
　　　ことができないこと。
　　　（　　　　　　　　　）

□(19)　(18)の状態にある市場では，品質の高
□　　い財が市場から排除されてしまうこ
　　　と。
　　　（　　　　　　　　　）

▲アプリは
こちらから

アプリでほかの問題にもチャレンジしてみよう！

次の(1)～(18)にあてはまる用語を書きなさい。

1回目
2回目
(1)　ある国における，マクロ経済の活発さを示したもので，国内総生産をアルファベットで示したもの。（　　　　　　）

(2)　ある企業の生産額から中間費用を差し引いた部分で，新たに生み出された価値。（　　　　　　）

(3)　一国において経済の発展とともに主力産業が第一次産業から第二次，第三次産業に移っていく現象。
（　　　　　　）

(4)　通貨の換算率のひとつで，各国の物価が同程度となるように計算される。
（　　　　　　）

(5)　国内と国外において日本国民によって生み出された(2)を合計したもの。
（　　　　　　）

(6)　資本ストックに住宅，耐久消費財，土地，対外純資産などを加えたもので，一国の国民が保有する資産の総額を示したもの。（　　　　　　）

(7)　(1)のうち，物価の変動による影響を取り除いたもの。（　　　　　　）

(8)　(7)の増加率を示したもの。
（　　　　　　）

(9)　一般的な消費者の生計費の変化をみるための指数で，基準バスケットを用いてその財の購入費用が基準年と比べてどれだけ変化したかを示すもの。
（　　　　　　）

(10)　物価指数が1年間でどれだけ上昇したかを示す割合のことで，インフレ率ともいう。（　　　　　　）

(11)　物価が持続的に上昇し，以前と同じ金額で購入できる財の量が少なくなる現象のこと。（　　　　　　）

(12)　物価が持続的に下落し，以前と同じ金額でより多くの財が購入できるようになる現象のこと。（　　　　　　）

(13)　港湾や下水道，道路，学校などの経済活動の前提となる社会的な基盤の総称のこと。
（　　　　　　）

(14)　谷→拡張期→山→後退期→谷，というように実質GDPなどが変動することを示した言葉。（　　　　　　）

(15)　イギリスの経済学者ケインズが提唱した，実際のGDPは総需要に制約されて決まるという考え方のこと。
（　　　　　　）

(16)　経済活動の停滞と(11)が共存する現象のこと。（　　　　　　）

(17)　第一次世界大戦後のドイツや第二次世界大戦後のハンガリーなどでみられた超高率の(11)を示す言葉。
（　　　　　　）

(18)　いくつかの前提条件が満たされず，効率的な資源配分が市場によって実現されていない状態のこと。（　　　　　　）

次の(1)〜(17)にあてはまる用語を書きなさい。

1回目
2回目

□(1)　公園のような，多くの人々が同時に利用でき，かつ料金を支払わずに利用する人を排除することの難しい財のこと。（　　　　　　　）

□(2)　政府が所得の高い人や低い人の間の格差を是正する機能のこと。
（　　　　　　　）

□(3)　景気の変動に伴って自動的に発動される，景気を安定させたり，所得を再分配したりする機能のことで，自動安定化装置ともいう。
（　　　　　　　　　　）

□(4)　景気を刺激するために公共事業を拡大させたり意図的に減税したりする政策のことで，裁量的財政政策ともいう。
（　　　　　　　）

□(5)　政府が1年分の歳入および歳出の計画を立てたもの。（　　　　　　　）

□(6)　国が政府の信用に基づいて集めた資金を政策に応じて作られた公庫や公団に貸し付けること。（　　　　　　　）

□(7)　すべての国民が加入する，基礎的な年金のこと。（　　　　　　　）

□(8)　税制の公平性を示したもので，より高い能力を持つ者はより大きな税を負担することで公平性が保たれるという考え方。（　　　　　　　）

□(9)　道路，港湾などの建設のために発行される国債のこと。（　　　　　　　）

□(10)　国債費がほかの歳出を圧迫し，新たな政策実現のための財源が確保できなくなる状態のこと。（　　　　　　　）

□(11)　政府が大量の国債を発行したために金融市場において資金が不足し，利子率が上昇したがために民間企業の投資資金の調達が困難な状態に陥っていること。
（　　　　　　　）

□(12)　地域間の格差を解消するために，国から地方自治体に交付される交付金のこと。（　　　　　　　）

□(13)　貨幣の性質を示すもので，利便性と安全性をまとめた表現。（　　　　　）

□(14)　中央銀行の性質のうち，紙幣を独占的に発行することができることを示した言葉。（　　　　　　　）

□(15)　市中銀行に対して一定割合以上を準備金として日銀に預け入れさせ，予期せぬ大量引き出しに備えることを義務付けた制度。（　　　　　　　）

□(16)　日本銀行がマネタリー・ベースを操作するように，預金などに対する政策を通して金融市場やマクロ経済に大きな影響を与える政策のこと。
（　　　　　　　）

□(17)　マネタリー・ベースを増大させ，銀行からの借り入れを容易にして総需要を引き上げるような政策のこと。
（　　　　　　　）

▲アプリはこちらから

アプリでほかの問題にもチャレンジしてみよう！

　本書での学習を進めるにあたり，各章ごとに記録をつけながら学習態度を振り返ったり，目標を設定したりしましょう。

　重要用語の確認は，得点を記入しましょう。探究問題は，自分自身がよくできたと感じた場合は一番左のチェックボックスにチェックをつけましょう。できたと感じた場合は真ん中，できなかったと感じた場合は一番右のチェックボックスにチェックをつけましょう。

　メモ欄には，「記述問題の正答数を増やす」など，次の章の学習で自分自身が目標にしたい内容を書きこんでください。またそれができたかも振り返りながら，学習を進めて行きましょう。

fight!

1章 グローバル化が進展する社会　　　　　　　　　　　　　　p.2～p.10

探究問題(p.9) ☐☐☐
重要用語の確認(p.10)　　1回目　　　／19問　　　2回目　　　／19問
メモ

2章 経営のグローバル化　　　　　　　　　　　　　　　　　　p.11～p.24

探究問題(p.23) ☐☐☐
重要用語の確認(p.24)　　1回目　　　／22問　　　2回目　　　／22問
メモ

3章　経済のグローバル化　　　　　　　　　　　　　　　　　　p.25〜p.51

探究問題1(p.46)	☐☐☐			
探究問題2(p.47)	☐☐☐			
探究問題3(p.48)	☐☐☐			
重要用語の確認1(p.49)	1回目	/21問	2回目	/21問
重要用語の確認2(p.50)	1回目	/19問	2回目	/19問
重要用語の確認3(p.51)	1回目	/22問	2回目	/22問

メモ 🗒️
_____
_____
_____
_____
_____
_____
_____
_____
_____

4章　市場と経済　　　　　　　　　　　　　　　　　　　　　　p.52〜p.85

探究問題1(p.81)	☐☐☐			
探究問題2(p.82)	☐☐☐			
重要用語の確認1(p.83)	1回目	/19問	2回目	/19問
重要用語の確認2(p.84)	1回目	/18問	2回目	/18問
重要用語の確認3(p.85)	1回目	/17問	2回目	/17問

メモ 🗒️
_____
_____
_____
_____
_____
_____
_____
_____
_____

●編修
実教出版編修部

[（商業 734）グローバル経済］準拠

グローバル経済　準拠問題集

本文基本デザイン―松利江子
QR コードは㈱デンソーウェーブの登録商標です。　　表紙デザイン―松利江子

●編　者――実教出版編修部

●発行者――小田　良次

●印刷所――壮光舎印刷株式会社

〒 102-8377
東京都千代田区五番町 5
●発行所―実教出版株式会社　　電　話〈営業〉(03) 3238-7777
〈編修〉(03) 3238-7332
〈総務〉(03) 3238-7700
https://www.jikkyo.co.jp/

002502022

ISBN 978-4-407-35670-0

グローバル経済 (商業734) 準拠問題集 | 解答・解説

1章 グローバル化が進展する社会
1節 国境を越えて広がる世界

要点整理 p.2

①情報通信技術　②国境　③観光　④ヒト　⑤モノ
⑥カネ　⑦情報　⑧グローバル化

▶Step問題 p.3

1 (1)○　(2)×　(3)○　(4)○　(5)○

[解説] (2)近年，観光やビジネスのために日本に滞在する外国籍の人は増加している。

2 (1)エ　(2)ウ　(3)オ　(4)イ　(5)ア

3 ①情報　②資源　③低く

1章 グローバル化が進展する社会
2節 グローバル化する社会

要点整理 p.4

①経済活動　②市場　③国際化　④国際市場
⑤グローバル市場　⑥金融市場
⑦クラウドファンディング　⑧国内市場　⑨国際化
⑩グローバル化　⑪M＆A　⑫多様性

▶Step問題 p.5

1 (1)○　(2)グローバル市場
　　(3)クラウドファンディング　(4)○　(5)多様性

2 ①エ　②イ　③ウ　④ア　⑤オ

3 例各国内の経済取引だけでなく，国境を越えた
　　経済取引も国内取引と同列に行われるという
　　特徴。(43字)

■解答のポイント

　□国境を越えた経済取引が，国内取引と同列で
　　行われることが書けているか。

1章 グローバル化が進展する社会
3節 グローバル化と地域経済統合の動き

要点整理 p.6

①地域経済統合　②関税障壁
③非関税障壁(②・③は順不同)　④政治的

▶Step問題 p.6

1 (1)オ　(2)エ　①ア　②ウ　③イ

1章 グローバル化が進展する社会
4節 グローバル化と経済発展

要点整理 p.7

①グローバル・バリューチェーン　②新興国
③電子商取引

▶Step問題 p.7

1 (1)グローバル・バリューチェーン (GVC)
　　(2)○　(3)電子商取引 (EC)　(4)B to B　(5)○

1章 グローバル化が進展する社会
5節 グローバル化の諸問題

要点整理 p.8

①所得格差　②違法行為　③税制　④租税回避

▶Step問題 p.8

1　所得格差

例国内では高度な技能を持つ人と，そうでない人との間の所得格差が拡大し，国家・地域間ではグローバル・バリューチェーンの連鎖に組み込まれた国とそうでない国との間で所得格差が拡大している問題。

■解答のポイント

　□それぞれ「技能を持つ人とそうでない人，グ
　　ローバル・バリューチェーンに組み込まれた
　　国とそうでない国との間の格差」というポイ
　　ントがまとめられているか。

違法行為の拡散

例国境を越えた資源の移動が容易になったことで，一国内にとどまっていた違法行為が世界中に拡散してしまい，それを取り締まることが困難である問題。

■解答のポイント

　□「世界中に拡散してしまい，取り締まることが
　　困難」というポイントがまとめられているか。

租税回避

例グローバルに事業活動を行う企業などが各国の税制の違いに着目して，自社の法人税などの負担率を低くしようとする問題。

■解答のポイント

　□「各国の税制の違いに着目し，法人税などの
　　負担率を低くする」というポイントがまとめ
　　られているか。

【解答例】

1 インターネットが普及する以前には，海外とのつながりはどのようなものであったか調べてみよう。

> 例 電報や手紙，FAXなどでやり取りをしていた。

2 「国際化」から「グローバル化」に変化していく理由を考えてみよう。

> 例 国際化の段階では，私たちは自国の企業が商品を他国から仕入れて販売しない限り，他国の商品を買うことができない。グローバル化することで，私たちは他国の商品を直接購入することができ，販売する企業も世界中の個人をターゲットにできるため，互いにメリットがあり，経済活動も拡大していくから。

3 地域ごとにみられる経済統合が，世界中で一つの経済統合となり得るか考えてみよう。

> 例 経済統合にはそれぞれの目的があり，細分化しているため，一つにはなり得ない。特に，政治的な問題については，各国それぞれの主張が異なるため，一つになるのは難しいと感じる。

4 所得格差の問題はどのように解決できるか考えてみよう。

> 例 一国内での所得格差の問題への対応は，最低賃金の引き上げなどが考えられる。国家間での所得格差の問題への対応は，必要な地域により手厚い開発援助を行うことなどが考えられる。

■ 解答のポイント

1 □ インターネットを使わずに，どのような方法で海外とつながりがあったかを書けているか。

1 □ 通信方法や人々の往来などの点について詳しく調べられているか。

2 □ 国際化の段階とグローバル化した市場の違いについて説明できているか。

2 □ 輸出入を行う企業を通さなくても，他国の商品を個人が直接購入できることで得られる利点などについて説明できている。

3 □ 全地球的規模での経済統合が可能であるか，政治的な連携に関しての問題点などについても触れて考えることができているか。

4 □ 国内での個人間の所得格差の解決方法と，国家・地域間での所得格差の解決方法の両面について，考えることができているか。

(1)テレワーク　(2)国境　(3)情報

(4)グローバル化　(5)経済活動　(6)国際化　(7)財

(8)国際市場　(9)グローバル市場　(10)金融市場

(11)クラウドファンディング　(12)M & A

(13)関税障壁　(14)非関税障壁

(15)グローバル・バリューチェーン（GVC）

(16)電子商取引（EC）　(17)越境EC　(18)所得格差

(19)租税回避

1節 多国籍企業とグローバル経営

● 要点整理　　　　　　　　　　　　p.11～12

①多国籍企業　②グローバル経営　③国際経営

④少子高齢化　⑤人口減少　⑥経営資源　⑦技術力

⑧貿易摩擦　⑨経営戦略　⑩グローバル戦略

⑪マルチドメスティック戦略

▶Step問題　　　　　　　　　　　　p.12

1　(1)○　(2)×　(3)○　(4)×　(5)×

【解説】(2)自社の技術力やノウハウを高める学習も，企業が海外進出する理由の一つである。(4)日本では，少子高齢化と人口減少が進んでおり，国内市場の成長率の伸びは<u>低下している</u>。(5)企業はグローバル戦略とマルチドメスティック戦略を<u>組み合あわせて</u>，グローバル経営を行う場合が多い。

2　(1)**ア**　(2)**オ**　(3)**ウ**　(4)**イ**　(5)**エ**

2節 企業の海外進出とグローバル経営の難しさ

● 要点整理　　　　　　　　　　　　p.13～15

①市場規模　②市場成長率　③顧客　④コスト

⑤カントリーリスク　⑥法律　⑦代理店

⑧駐在員事務所　⑨ライセンシング　⑩OEM

⑪株式　⑫合弁会社　⑬子会社

⑭フランチャイズ料　⑮優位性　⑯文化的

⑰地理的

▶Step問題　　　　　　　　　　　　p.15

1　(1)B　(2)A　(3)A　(4)B　(5)B

2　(1)所有優位性　(2)OEM　(3)政治的

3節 グローバル経営の現状

● 要点整理　　　　　　　　　　　　p.16～17

①マザー工場　②技術移転　③技術指導

④海外拠点　⑤現地化　⑥費用　⑦為替　⑧人材

⑨日常生活　⑩調達　⑪標準化

▶Step問題　　　　　　　　　　　　p.17

1　(1)○　(2)海外拠点　(3)標準化

2　調達の現地化／人材の現地化 (順不同)

4節 グローバル経営の課題

● 要点整理　　　　　　　　　　　　p.18～19

①保護主義的通商政策　②関税　③研究開発

④立地　⑤自律性　⑥統制　⑦ノウハウ　⑧文化

⑨権力格差　⑩不確実性回避　⑪経営方法

⑫グローバル統合　⑬ローカル適応

⑭メタナショナル経営　⑮新興国

▶Step問題　　　　　　　　　　　　p.20

1　(1)×　(2)×　(3)○　(4)○　(5)○

【解説】(1)2010年代末から，アメリカや中国の保護主義的通商政策は<u>顕著になってきている</u>。(2)グローバル経営を行う企業は，輸出入を関税の<u>低い国</u>に変更するようになる

2　①**ア**　②**エ**　③**ウ**　④**オ**　⑤**イ**

3　①グローバル統合　②ローカル適応
　　　③メタナショナル経営

5節 グローバル化に伴う企業の社会的責任

● 要点整理　　　　　　　　　　　　p.21

①企業の社会的責任(CSR)　②児童労働

③労働条件　④指導　⑤法律

⑥ゼロ・エミッション　⑦エネルギー消費量

⑧SDGs(持続可能な開発目標)

⑨ジェンダーの平等

▶Step問題　　　　　　　　　　　　p.22

1　(1)○　(2)○　(3)×　(4)×　(5)×

【解説】(3)新興国・開発途上国では，<u>環境問題への対策よりも経済発展が優先されている</u>。(4)グローバルに経営を行う企業が，現地国の環境基準を超えた環境対策を行うことは望ましい。(5)企業がSDGsに積極的に関与あるいは貢献することは，企業の社会的責任(CSR)という側面でも<u>不可欠な事柄になっている</u>。

2　(1)**イ**　(2)**オ**　(3)**ウ**　(4)**ア**　(5)**エ**

3　**例1**製品・サービスを生み出す過程における二酸化炭素排出量の削減。

　　例2廃棄物ゼロを目指すゼロ・エミッション。

　　例3作業効率向上によるエネルギー消費量低減。

■解答のポイント

□それぞれ「二酸化炭素排出量削減」，「ゼロ・エミッション」，「エネルギー消費量低減」について，内容の説明も含んで書けているか。

[解答例]

❶ 多国籍企業が進出先の国として選ぶのは，どういう国が多いか調べてみよう。

（略）

❷ 製造業のグローバル化と，小売業・サービス業のグローバル化とでは，どのような違いに注意すべきか考えてみよう

（略）

❸ いくつかの国が保護主義的通商政策を採用する理由を考えてみよう。

（略）

❹ SDGsの17の目標のうち1つを取り上げ，企業はどのように関与・貢献できるか考えてみよう。

（略）

■ 解答のポイント

❶ □市場規模の拡大や成長率の伸びが予測されたり，現地の安い人的資源の活用やコストを抑えられることなどという点が期待できる国を調べられているか。

❷ □小売業・サービス業は，文化的な隔たりやその違いによる影響を，製造業の海外進出より強く受けること，サービスの標準化のために人材を育成する手間と労力が必要になること，などが考えられているか。

❸ □自国の産業を保護する目的や，政治的な影響などの理由を考えることができているか。

❹ □17の目標のうち，いずれか1つを取り上げて，その目標を達成するために，企業ができる具体的な活動・方法などについて考えることができているか。

(1)多国籍企業　(2)グローバル経営

(3)経営戦略　(4)グローバル戦略

(5)マルチドメスティック戦略　(6)市場規模

(7)市場成長率　(8)顧客　(9)代理店

(10)海外直接投資　(11)SNS　(12)マザー工場

(13)競争優位性　(14)現地化　(15)標準化

(16)保護主義的通商政策　(17)グローバル統合

(18)ローカル適応　(19)メタナショナル経営

(20)企業の社会的責任（CSR）

(21)ゼロ・エミッション

(22)持続可能な開発目標（SDGs）

● 要点整理　　　　　　　　　　　　　p.25

①技能実習生　②利害関係者

③ダイバーシティ経営　④年功序列型賃金制

⑤終身雇用　⑥企業別労働組合（⑤・⑥は順不同）

⑦能力主義　⑧成果主義　⑨グローバル人材

▶Step問題　　　　　　　　　　　　　p.25

1　(1)A　(2)A　(3)B　(4)A　(5)B

● 要点整理　　　　　　　　　　　　p.26〜27

①生産財　②消費財　③リカード　④比較生産費説

⑤比較優位　⑥特化　⑦国際分業

⑧工業製品　⑨垂直的国際分業　⑩水平的国際分業

⑪経済ブロック化　⑫IMF(国際通貨基金)

⑬IBRD(国際復興開発銀行)

⑭GATT(関税と貿易に関する一般協定)

⑮自由　⑯無差別　⑰多角(⑮・⑯・⑰は順不同)

⑱関税　⑲輸入数量制限　⑳多国間

㉑多角的貿易交渉(ラウンド)

㉒WTO(世界貿易機関)　㉓一括受託方式

㉔コンセンサス方式(㉓・㉔は順不同)

㉕自由貿易協定(FTA)　㉖経済連携協定(EPA)

㉗知的財産権　㉘経済成長

▶Step問題　　　　　　　　　　　p.27〜28

1　①エ　②ウ　③オ　④イ　⑤ア

2　(1)A国：3単位　B国：2単位

　　(2)A国：Y財　B国：X財

　　(3)3単位

　　(4)比較生産費説

　　(5)リカード

[解説] (1)生産費を，それぞれの国でその財が取引される額として考えてみる。A国内では，X財1単位は6ドルで，Y財1単位は2ドルで取引されている。A国でX財1単位を売却すると6ドルが得られ，その6ドルで購入できるY財は3単位である。同様に，B国内では，X財1単位は2ドルで，Y財1単位は1ドルで取引されている。つまり，X財1単位を売却することで得られる2ドルで，1単位1ドルのY財を2単位購入できる。(2)それぞれの国における2種類の財の生産費から，それぞれの国はどちらの財を生産するのが比較的得意かを考えてみる。A国にお

いて，X財1単位（生産費：6ドル）の生産にかかる費用は，Y財1単位（生産費：2ドル）の生産にかかる費用の3倍である。それに対し，B国において，X財1単位（生産費：2ドル）の生産にかかる費用は，Y財1単位（生産費：1ドル）の生産にかかる費用の2倍である。これにより，X財はB国に比較優位があると考えられる。Y財については，A国ではX財1単位を生産する費用の3分の1で生産できるのに対し，B国ではY財1単位を生産するために2分の1の費用を要する。これにより，Y財については，A国に比較優位があると考えられる。(3)(1)で考えたように，A国内ではX財1単位とY財3単位が交換できるので，3単位のY財を得ることができると考えられる。B国内でY財3単位を生産するためには，3ドルの生産費が必要となるが，比較優位を持つX財を輸出することで，B国は2ドルの生産費で3単位のY財を得ることができる。

3　例WTOは，一括受託方式とコンセンサス方式を採用しているため，加盟国間での意思決定に時間がかかり，成果に繋がりにくいこと。(60字)

■ 解答のポイント

☐ 指定された用語，（「WTO」「一括受託方式」「コンセンサス方式」）を用いたか。

☐ 意思決定が停滞してしまうことが書けているか。

☐ 加盟国間の意見の相違について記述されていても良い。

● 要点整理　　　　　　　　　　　　　p.29〜30

①EEC(欧州経済共同体)　②EC(欧州共同体)

③マーストリヒト条約　④EU(欧州連合)

⑤欧州議会　⑥ECB(欧州中央銀行)　⑦ユーロ

⑧ブレグジット　⑨NAFTA(北米自由貿易協定)

⑩MERCOSUR(南米南部共同市場)

⑪ASEAN(東南アジア諸国連合)

⑫AEC(ASEAN経済共同体)

⑬APEC(アジア太平洋経済協力)　⑭TPP

⑮CPTPP　⑯RCEP　⑰国際収支　⑱経常収支

⑲資本移転等収支　⑳金融収支

㉑貿易・サービス収支　㉒無償資金協力

㉓NGO(非政府組織)　㉔第一次所得収支

㉕サービス産業　㉖訪日観光客

▶Step問題　　　　　　　　　　　　　p.31

1 (1)ウ　(2)イ　(3)ア　(4)オ　(5)エ

2 ①経常収支　②資本移転等収支

　　③金融収支　④貿易・サービス収支

　　⑤第一次所得収支

3 例製造業の海外生産が増加し，輸出が減少する
　　傾向にある一方で，一定量の資源の輸入は継
　　続されているため。(49字)

■ 解答のポイント

□指定された用語，(「製造業」「海外生産」「資
　源」「輸出」「輸入」)を用いたか。

□製造業の海外移転について書けているか。

□資源の輸入について書けているか。

● 要点整理　　　　　　　　　　　　　p.32〜33

①異時点間の資源配分機能　②リスク配分機能

③利子(利息)　④証書　⑤手形

⑥証券(④・⑤・⑥は順不同)　⑦金融市場

⑧金融機関　⑨金融派生商品(デリバティブ)

⑩直接金融　⑪間接金融　⑫信用リスク

⑬有価証券　⑭債券　⑮株式　⑯預貯金

⑰要求払い預金　⑱定期性預金　⑲保険

⑳市場型間接金融　㉑投資信託

㉒ハイ・リスク・ハイ・リターン

㉓ロー・リスク・ロー・リターン

㉔トレード・オフ　㉕ポートフォリオ選択

㉖金融工学　㉗フィンテック

▶Step問題　　　　　　　　　　　　　p.33〜34

1 (1)異時点間の資源配分機能　(2)リスク配分機能
　(3)○　(4)間接金融　(5)信用リスク

2 (1)A　(2)B　(3)B　(4)A　(5)C

3 ①イ　②エ　③オ　④ウ　⑤ア

4 例多数の投資家から集めた資金を，多種類の債
　　券や株式に分散して投資することで，リスク
　　を低減させた金融商品。(51字)

■ 解答のポイント

□指定された用語(「分散」「株式」「債券」「リ
　スク」「金融商品」)を用いたか。

□分散して投資することで，リスクが低減され
　ることについて記述しているか。

要点整理　　　　　　　　　　　p.35〜37

①証券会社　②銀行　③信用創造　④短期金融市場
⑤マネーマーケット　⑥インターバンク市場
⑦オープン市場　⑧長期金融市場
⑨キャピタルマーケット　⑩長期貸出市場
⑪資本市場　⑫株式市場　⑬債券市場
⑭国債　⑮証券取引所　⑯上場　⑰東京証券取引所
⑱株式公開(IPO)　⑲護送船団方式　⑳フリー
㉑フェア　㉒グローバル　㉓金融ビッグバン
㉔金融庁　㉕自己資本比率　㉖BIS(国際決済銀行)
㉗8　㉘預貯金　㉙保険　㉚年金(㉙・㉚は順不同)
㉛人口減少　㉜子会社　㉝M&A　㉞内部留保
㉟失われた10年　㊱平成不況　㊲貯蓄率

▶Step問題　　　　　　　　　　　　p.37

❶　(1)○　(2)金融ビッグバン　(3)グローバル
　　(4)8%　(5)金融庁

❷　①短期金融市場　②インターバンク市場
　　③長期金融市場　④資本市場　⑤債券市場

要点整理　　　　　　　　　　　p.38〜39

①外国為替　②外国為替相場(外国為替レート)
③外国為替市場(外為市場)　④機関投資家
⑤金融機関　⑥年金基金　⑦投資会社
⑧個人投資家　⑨日本銀行
⑩外為仲介業者　⑪インターバンク市場
⑫顧客市場　⑬変動為替相場制(変動為替レート制)
⑭ブレトンウッズ体制
⑮固定為替相場制(固定為替レート制)
⑯ニクソン・ショック　⑰アジア通貨危機
⑱為替リスク　⑲利益(為替差益)
⑳損失(為替差損)　㉑リスクヘッジ
㉒先物為替予約　㉓通貨オプション　㉔現地生産
㉕ユーロ

▶Step問題　　　　　　　　　　　　p.40

❶　(1)○　(2)機関投資家　(3)インターバンク市場
　　(4)顧客市場
　　(5)変動為替相場制(変動為替レート制)　(6)○

❷　①360　②固定為替相場制(固定為替レート制)
　　③ニクソン・ショック　④308
　　⑤変動為替相場制(変動為替レート制)

要点整理　　　　　　　　　　　p.41

①IMF(国際通貨基金)　②SDR　③法定通貨
④暗号資産　⑤金融センター
⑥タックス・ヘイブン　⑦M&A

▶Step問題　　　　　　　　　　　　p.41

❶　(1)ウ　(2)イ　(3)ア　(4)エ

要点整理　　　　　　　　　　　p.42〜44

①高度情報社会　②電子商取引(EC)
③IoT　④センサー　⑤GPS
⑥ビッグデータ　⑦コンピュータ・ウイルス
⑧顧客情報　⑨購入履歴　⑩選好
⑪個人情報保護法　⑫プライバシー保護
⑬越境移転　⑭サイバー犯罪　⑮クラッカー
⑯暗証番号　⑰特許権　⑱商標権
⑲著作権　⑳知的財産権
㉑違法ダウンロード　㉒生産性　㉓グローバル化

▶Step問題　　　　　　　　　　　　p.44〜45

❶　(1)IoT　(2)○　(3)サイバー犯罪
　　(4)クラッカー　(5)商標権

❷　(1)A　(2)A　(3)B　(4)A　(5)B

❸　①オ　②ア　③ウ　④イ　⑤エ
　　(④・⑤は順不同)

❹　(1)例勤務先／勤務先名
　　(2)例日本人は勤務先や自宅など，個人の生活が
　　　　特定されてしまう情報を提供することに抵
　　　　抗があるように感じる。

❺　①不可逆性　②名誉棄損
　　③プライバシーの侵害　④賠償義務

[解答例]

❶ グローバル人材に求められる能力，知識，スキルなどを書き出そう。

> 例 英語力　語学力　コミュニケーション力　リーダー
> シップ　ビジネスマナー　日本文化の理解　他国文化
> の理解　主体性　積極性　柔軟性　協調性　精神力
> 責任感　チャレンジ精神　ボランティア精神　愛国心

❷ ❶で書き出した能力，知識，スキルなどから，あなたがグローバル人材になるために身に付けたいものを選び，それを身に付けるための手段や方策を考えてみよう。

> 例 英語力…大学進学後，イギリスかアメリカに留学する。
> 日本文化の理解…地元の伝統行事に積極的に参加する。
> 日本史を主体的に学ぶ。
> リーダーシップ…部活動で率先して，後輩の見本になる
> ような行動をする。

❸ 外務省のWebサイトなどを参考に，現在，日本がFTA/EPAを締結している国や地域，TPP参加国，RCEP参加国を書き出そう。

FTA/EPA 締結国	例 シンガポール，メキシコ，マレーシア，チリ，タイ，インドネシア，ブルネイ，ASEAN全体，フィリピン，スイス，ベトナム，インド，ペルー，オーストラリア，モンゴル，TPP11，EU・EPA，アメリカ，イギリス，RCEP
TPP 参加国	例 オーストラリア，ブルネイ，カナダ，チリ，日本，マレーシア，メキシコ，ニュージーランド，ペルー，シンガポール，ベトナム
RCEP 参加国	例 ブルネイ，カンボジア，インドネシア，ラオス，マレーシア，ミャンマー，フィリピン，シンガポール，タイ，ベトナム，日本，中国，韓国，オーストラリア，ニュージーランド

❹ ❸で書き出した国や地域について，白地図で整理し，特徴や問題点，どの国や地域に拡大するべきかなどのあなたの意見を，自由に書き出そう。

白地図(省略)

> 例 今後，成長が予想されるアフリカ地域に積極的に拡大す
> ると良いと思う。

■ 解答のポイント

❶ □グローバル人材について理解し，自分自身が考えるグローバル人材から能力，知識，スキルなどを想像し書き出すことができたか。

❶ □語学力やコミュニケーション能力以外の能力，知識，スキルについて書き出せたか。

❷ □能力，知識，スキルを選び出すことができたか。

❷ □選び出した能力，知識，スキルについて正しく理解し，手段や方策について具体的に書き出すことができたか。

❸ □それぞれについて，正しく書き出すことができたか。

❹ □FTA/EPA締結国，TPP参加国，RCEP参加国について，白地図に書き込むことができたか。色分けなどの工夫があるとなお良い。

❹ □以下の(1)～(3)のいずれかを踏まえて書き出すことができたか。
(1)それぞれについて，地域的な偏りの他，政治や経済の面などについて偏りがないか考えることができたか。
(2)問題点について考えることができたか。
(3)今後の拡大について，自分自身の意見を考えることができたか。

【解答例】

　日本銀行や財務省のWebサイトから、①直近、②10年前、③20年前の日本の国際収支状況のデータを調べ、増加しているものと減少しているものを挙げ、その原因について考えてみよう。

データ（省略）

> **増加している項目**　第一次所得収支
> **原因**
> 例日本の対外資産が増加したから。
> **減少している項目**　貿易収支
> **原因**
> 例工場の海外移転などで輸出が減少したから。

■ 解答のポイント

☐国際収支状況について、指示通りにデータを書き出すことができたか。

☐増加している項目、減少している項目について書き出し、その原因について矛盾のない考えを書き出すことができたか。

【解答例】

1 フィンテックについての最新のニュースや情報を探し、概要を書き出してみよう。

> 例大手銀行や通信会社が参加する企業連合がブロックチェーンを使ったデジタル通貨の実用化を発表。これにより、24時間取引と即時決済を目指す。また、決済や送金にかかるコストも下がる。

2 円とドルの為替相場（為替レート）を、連続する5日間、観察してみよう。

前日比	為替相場に影響を及ぼした事象
＋0.28	中東情勢の不安によるリスク回避
＋0.02	様子見
−0.13	アメリカの雇用統計が予想以上
＋0.09	前日の円安の反動
−0.25	日本の金利の引き下げが予想された。

3 直近の国際金融センターランキングを調べてみよう。1980年代に「世界三大金融センター」の一つと言われた東京が、順位を下げている理由について考えてみよう。

1位	ニューヨーク	2位	ロンドン	3位	上海
4位	香港	5位	シンガポール	6位	北京
7位	東京	8位	深圳	9位	フランクフルト
10位	チューリッヒ				

> 例中国が台頭している。
> 例日本の法人税が高い。
> 例英語でのビジネス環境がない。
> 例日本の経済力が低下している。

■ 解答のポイント

❶☐フィンテックについて、調べることができたか。

❶☐経済や社会への影響について書かれているとなお良い。

❷☐為替相場、前日比、事象について書き出すことができたか。

❷☐影響を及ぼした事象について、的確に書き出すことができたか。

❸☐国際金融センターランキングについて書き出すことができたか。

❸☐東京がランキングを下げた理由について、矛盾なく、考えを書き出すことができたか。

■重要用語の確認 1

p.49

(1)技能実習生　(2)利害関係者（ステークホルダー）

(3)ダイバーシティ　(4)ダイバーシティ経営

(5)年功序列型賃金制　(6)終身雇用

(7)企業別労働組合　(8)能力主義　(9)成果主義

(10)グローバル人材　(11)生産財　(12)消費財

(13)比較生産費説　(14)リカード　(15)国際分業

(16)垂直的国際分業　(17)水平的国際分業

(18)GATT（関税と貿易に関する一般協定）

(19)WTO（世界貿易機関）　(20)FTA（自由貿易協定）

(21)EPA（経済連携協定）

■重要用語の確認 2

p.50

(1)EU（欧州連合）　(2)マーストリヒト条約

(3)ブレグジット　(4)ASEAN（東南アジア諸国連合）

(5)APEC（アジア太平洋経済協力）

(6)TPP（環太平洋パートナーシップ協定）

(7)RCEP（地域的な包括的経済連携協定）

(8)国際収支　(9)経常収支　(10)NGO（非政府組織）

(11)ODA（政府開発援助）

(12)OECD（経済協力開発機構）

(13)国際協力機構（JICA）

(14)異時点間の資源配分機能　(15)リスク配分機能

(16)金融市場　(17)金融派生商品（デリバティブ）

(18)直接金融　(19)間接金融

■重要用語の確認 3

p.51

(1)トレード・オフ　(2)ポートフォリオ選択

(3)フィンテック　(4)短期金融市場

(5)長期金融市場　(6)上場　(7)株式公開（IPO）

(8)金融ビッグバン　(9)金融庁　(10)自己資本比率

(11)外国為替相場（外国為替レート）

(12)変動為替相場制（変動為替レート制）

(13)ブレトンウッズ体制

(14)固定為替相場制（固定為替レート制）

(15)ニクソン・ショック　(16)アジア通貨危機

(17)為替リスク　(18)リスクヘッジ

(19)先物為替予約　(20)通貨オプション

(21)IMF（国際通貨基金）　(22)SDR

4章 市場と経済
1節 需要と供給による市場の理論(1)

●要点整理
p.52

①経済主体　②家計　③企業

④政府（②・③・④は順不同）　⑤資源配分

⑥資源配分メカニズム　⑦市場メカニズム

⑧オークション　⑨効率的　⑩労働者　⑪労働市場

⑫賃金率　⑬組織

▶Step問題
p.53

1 ①オ　②カ　③ウ　④エ　⑤ア

2 (1)労働市場　(2)労働時間　(3)○

　(4)非効率的　(5)○

3 (1)Cさん　(2)230円

4章 市場と経済
1節 需要と供給による市場の理論(2)

●要点整理
p.54～55

①需要　②需要者　③需要量　④需要表

⑤需要曲線　⑥右下がり　⑦需要法則

⑧所得　⑨シフト　⑩供給　⑪供給者

⑫供給量　⑬供給表　⑭供給曲線

⑮右上がり　⑯供給法則　⑰価格

⑱生産設備　⑲生産技術　⑳右　㉑左

▶Step問題
p.55～56

1 (1)

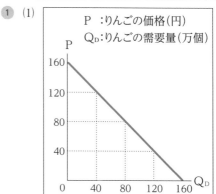

(2)右下がり・負

(3)需要法則

2 (1)○　(2)○　(3)×

【解説】(3)需要曲線は右上がりではなく，右下がりの

曲線になる。

③ (1)

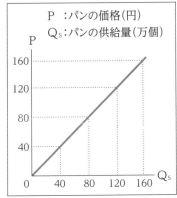

P ：パンの価格(円)
Q$_S$：パンの供給量(万個)

(2)右上がり・正

(3)供給法則

④ ①20　②40　③80　④120　⑤20
　　⑥シフト

● 要点整理　　　　　　　　　　　p.57〜58

①市場の均衡　②均衡価格　③均衡量
④プライステーカー　⑤競争均衡
⑥完全競争均衡　⑦均衡点　⑧超過需要
⑨売り手市場　⑩超過供給　⑪買い手市場
⑫右　⑬超過需要　⑭上昇　⑮増加　⑯左
⑰超過供給　⑱下落　⑲減少　⑳右　㉑超過供給
㉒下落　㉓左　㉔超過需要　㉕上昇　㉖減少
㉗均衡

▶Step問題　　　　　　　　　　　p.59〜60

①

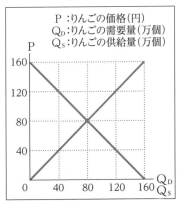

P ：りんごの価格(円)
Q$_D$：りんごの需要量(万個)
Q$_S$：りんごの供給量(万個)

①市場の均衡　②均衡価格　③均衡量
④プライステーカー　⑤競争均衡(完全競争均衡)

② ①ア　②ウ　③オ　④キ　⑤イ　⑥エ　⑦カ
　　⑧ク

---

③

(1)例消費者は購入を増やそうとするので需要量は増
　えるが，生産者は儲からなくなるため供給量は減
　る。そのため，品不足が発生するので価格は少
　しずつ上昇し，最終的に均衡価格と等しくなる。
　(86字)

■ 解答のポイント

　□市場価格が均衡価格より低い場合どうなるか
　　が書かれているか。
　□最終的に均衡価格と等しくなるということが
　　書けているか。

(2)例消費者は購入を減らそうとするので需要量は減
　るが，生産者は儲けが増えるため供給量は増え
　る。そのため，売れ残りが発生するので価格は少
　しずつ下落し，最終的に均衡価格と等しくなる。
　(86字)

■ 解答のポイント

　□市場価格が均衡価格よりも高い場合どうなる
　　かが書かれているか。
　□最終的に均衡価格と等しくなるということが
　　書かれているか。

④ (1)×　(2)×　(3)○　(4)○　(5)×

【解説】(1)原材料費の低下は供給を増加させる。(2)超
過供給が発生すると，市場価格は下落する。(5)生産
者と消費者の互いが満足する形で，均衡が達成され
ることになる。

●要点整理　p.61~62

①生産物市場　②生産要素　③需要　④供給

⑤資本市場　⑥貯蓄　⑦投資資金　⑧生産要素市場

⑨不完全競争　⑩独占　⑪プライスメーカー

⑫独占均衡　⑬独占価格　⑭独占取引量

⑮寡占　⑯価格カルテル　⑰独占禁止法

⑱公正取引委員会　⑲自由競争　⑳過当競争

㉑価格支配力　㉒独占的競争

▶Step問題　p.62~63

1 (1)生産物市場　(2)売り手　(3)○　(4)○
　(5)独占禁止法

2 ①オ　②エ　③ウ　④カ　⑤イ

3 (1)ア　(2)オ　(3)エ　(4)ウ　(5)イ

4 例主要な企業が協力して横並びで高い市場価格
　を設定する価格カルテルを独占禁止法で違反
　としたり，市場占有率が比較的大きな企業どう
　しの合併や統合は，公正取引委員会の審議
　対象とするなどして自由競争を保証してい
　る。（101字）

■解答のポイント

□談合や価格カルテルなどの自由競争を阻害す
る要因に対して，独占禁止法や公正取引委員
会の審議などによって自由競争を保証してい
る，というポイントがまとめられているか。

●要点整理　p.64~65

①国内総生産　②中間生産物　③最終生産物

④付加価値　⑤540　⑥第一次　⑦第三次

⑧第二次　⑨ペティ・クラーク　⑩軽工業

⑪重化学工業

⑫情報　⑬アイディア

⑭デザイン（⑫・⑬・⑭は順不同）

⑮市場　⑯通貨　⑰アメリカドル

⑱購買力平価　⑲国内　⑳付加価値　㉑GNP

㉒所得　㉓利子　㉔配当（㉓・㉔は順不同）

㉕フロー変数　㉖投資　㉗資本ストック

㉘ストック変数　㉙固定資本減耗　㉚国富

▶Step問題　p.65~66

1 (1)○　(2)×　(3)○　(4)×　(5)×

【解説】(2)家族による介護には賃金が支払われていな
いため，その価値はGDPに加算されない。(4)GNP
は，国内と海外において日本国民が生み出した付加
価値の合計である。(5)近年，利子・配当など日本国
民が外国で得た所得は，外国民が日本国内で得た所
得より大きくなっており，GNPの額はGDPの額よ
りも大きくなっている。

2 (1)国内総生産　(2)○　(3)100
　(4)ペティ・クラークの法則　(5)○

3 ①300　②40　③25

●要点整理　p.67

①物価　②実質GDP　③名目GDP

④経済成長率　⑤経済成長　⑥景気循環

▶Step問題　p.67

1 (1)×　(2)○

【解説】(1)長期的な動きが経済成長，短期的な振動を
景気循環という。

2 ①1,100　②1,000　③1,000　④10

●要点整理　p.68~69

①物価　②基準バスケット　③5　④コア指数

⑤コアコア指数　⑥物価上昇率　⑦インフレ率

⑧同じ　⑨インフレーション　⑩デフレーション

⑪総需要　⑫総供給　⑬生産要素　⑭技術

⑮労働供給量　⑯生産年齢人口　⑰労働参加率

⑱人的資本　⑲資本蓄積

⑳インフラストラクチャー　㉑生産技術

▶Step問題　p.69~70

1 (1)GDPデフレーター　(2)コアコア指数
　(3)○　(4)資本蓄積　(5)○

2 (1)イ　(2)ア　(3)オ　(4)カ

3 (1)例生鮮食品を除いて計算した消費者物価指
　　数。（20字）
　(2)例物価が持続的に上昇する現象。（14字）
　(3)例物価が持続的に下落し，以前と同じ金額で
　　より多くの財が購入できるようになる現
　　象。（39字）

● 要点整理　　　　　　　　　　　　p.71〜72

①景気循環　②好況　③不況　④先行　⑤一致

⑥遅行　⑦ケインズ　⑧有効需要の原理

⑨下がり　⑩上がり　⑪家計　⑫企業

⑬政府　⑭純輸出　⑮マイナスの需要ショック

⑯プラスの需要ショック　⑰景気

⑱インフレーション

⑲マイナスの供給ショック

⑳スタグフレーション

㉑実物的景気循環理論　㉒所得移転

㉓ハイパー・インフレーション

▶Step問題　　　　　　　　　　　　p.72〜73

❶　(1)〇　(2)〇　(3)×　(4)×　(5)〇

〔解説〕(3)マイナスの需要ショックが発生すると，景気の後退とデフレーション，またはインフレーションの沈静化が起こる。景気の拡大とインフレーションが起こるのは，<u>プラス</u>の需要ショックが起こったときである。(4)マイナスの需要ショックを引き起こす原因は，増税による消費の減退，利子率上昇になどよる投資減退，政府支出の削減などである。(4)に書かれている原因は，マイナスの<u>供給</u>ショックを引き起こす原因である。

❷　**例** ジンバブエ／ベネズエラ

❸

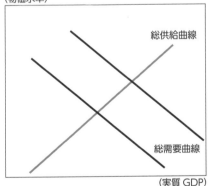

(物価水準)

総供給曲線

総需要曲線

(実質GDP)

❹　(1)**例** 日本銀行が全国の主要な企業に対して行うアンケート調査に基づいて作成する指標。(38字)

■解答のポイント

□日本銀行が，主要な企業に対して行うアンケートに基づいていることが書かれているか。

(2)**例** 内閣府が観光業界など景気に敏感な職種の人々への聞き取り調査に基づいて作成する指標。(41字)

■解答のポイント

□内閣府が，景気に敏感な職種の人々に対して行う聞き取り調査に基づいていることが書かれていること。

● 要点整理　　　　　　　　　　　　p.74〜75

①財政　②資源配分　③市場の失敗　④公共財

⑤資源配分機能　⑥所得再分配機能　⑦累進税

⑧公的扶助　⑨失業保険　(⑧・⑨は順不同)

⑩混合経済　⑪景気安定化機能

⑫ビルト・イン・スタビライザー

⑬フィスカル・ポリシー　⑭大恐慌

⑮ニューディール政策　⑯歳入　⑰歳出　⑱予算

⑲一般会計　⑳特別会計　㉑一般歳出

㉒受益者負担　㉓財政投融資　㉔国民皆保険

㉕国民皆年金　(㉔・㉕は順不同)　㉖介護保険

㉗国民年金　㉘所得課税　㉙資産課税

㉚消費課税　㉛累進的　㉜シャウプ税制勧告

㉝垂直的公平性　㉞水平的公平性　㉟所得

㊱国民負担率　㊲財政赤字

▶Step問題　　　　　　　　　　　　p.76

❶　(1)×　(2)〇　(3)×　(4)×　(5)〇

〔解説〕(1)供給されない。(3)予算は毎年1年度分を審議し，数年にわたる長期計画を決めることは原則としてできない。(4)所得税は間接税と比べて，市場をゆがめることも<u>少ない</u>。

❷　(1)〇

(2)フィスカル・ポリシー（裁量的財政政策）

(3)予算　(4)〇　(5)〇

(6)潜在的な国民負担率

❸　①法人　②資産　③消費

● 要点整理　　　　　　　　　p.77〜78

①公債　②建設国債　③赤字国債　④国債依存度

⑤国債費　⑥財政の硬直化　⑦日銀引き受け

⑧財政規律　⑨クラウディング・アウト

⑩国庫支出金　⑪地方交付税　⑫少子高齢化

⑬消費税　⑭一般的交換手段

⑮価値尺度

⑯価値貯蔵手段 (⑭・⑮・⑯は順不同)

⑰中央銀行　⑱発券銀行

⑲銀行の銀行　⑳政府の銀行 (⑱・⑲・⑳は順不同)

㉑強制的通用力　㉒市中銀行　㉓普通預金

㉔当座預金　㉕定期預金　㉖マネー・ストック

▶Step問題　　　　　　　　　p.78

1　(1)×　(2)○　(3)○　(4)○　(5)×　(6)×　(7)×

【解説】(1)日本では，建設国債を除いて，国債の発行が禁じられている。(5)日本銀行券の受け取りは拒否できない。(6)財政の硬直化ではなく，クラウディング・アウトである。(7)マネタリー・ベースではなく，マネー・ストックである。

● 要点整理　　　　　　　　　p.79〜80

①取り付け騒動　②準備金　③預金準備制度

④法定準備率　⑤マネタリー・ベース　⑥信用創造

⑦金融政策　⑧金融引き締め　⑨金融緩和

⑩コール・レート　⑪公開市場操作

⑫ゼロ金利　⑬日銀当座預金残高

⑭量的緩和政策

▶Step問題　　　　　　　　　p.80

1　(1)×　(2)○　(3)×　(4)○　(5)×

【解説】(1)預金者から低い金利で預金を預かり，それより高い金利で企業などに貸し付け，その金利差によって利益を得ている。(3)日本銀行が市中銀行にお金を貸し出すとマネタリー・ベースが増加する。(5)景気が悪いときに日本銀行は国債などを買い入れし，市場に資金を供給する。

2　(1)法定準備率　(2)金融緩和　(3)○

◆ 探究問題　**1**　　　　　　　　p.81

【解答例】

1 インターネットを活用して，世界の名目GDP上位10か国を調べよう。

(略)

2 日本の景気低迷期において行われた財政政策について，インターネットなどを活用して調べ，まとめてみよう。

(略)

■ 解答のポイント

1□指示された内容をしっかり調べることができたか。

2□実際の事例を調べ，書き出すことができたか。

◆ 探究問題　**2**　　　　　　　　p.82

【解答例】

1 自分の住んでいる地方自治体の歳入額と歳出額を調べてみよう。また，そのうち自主財政はどのくらいを占めているのか調べてみよう。

(略)

2 ふるさと納税のメリットとデメリットについてまとめ，制度に対する自分の意見を書いてみよう。

(略)

■ 解答のポイント

1□指示された内容をしっかり調べることができたか。

2□指示された内容をまとめた上で，自分の意見を書くことができたか。

(1)経済主体　(2)資源配分

(3)資源配分メカニズム　(4)市場メカニズム

(5)需要　(6)供給　(7)完全競争

(8)プライステーカー　(9)生産物市場

(10)生産要素　(11)不完全競争

(12)プライスメーカー　(13)独占　(14)寡占

(15)価格カルテル　(16)過当競争

(17)独占的競争　(18)情報の非対称性

(19)アドバース・セレクション（逆選択）

(1)GDP　(2)付加価値

(3)ペティ・クラークの法則

(4)購買力平価（PPP）　(5)国民総生産（GNP）

(6)国富　(7)実質GDP　(8)経済成長率

(9)消費者物価指数　(10)物価上昇率

(11)インフレーション　(12)デフレーション

(13)インフラストラクチャー

(14)景気循環（景気変動）　(15)有効需要の原理

(16)スタグフレーション

(17)ハイパー・インフレーション

(18)市場の失敗

(1)公共財

(2)所得再分配機能

(3)ビルト・イン・スタビライザー

(4)フィスカル・ポリシー　(5)予算

(6)財政投融資　(7)国民年金

(8)垂直的公平性　(9)建設国債

(10)財政の硬直化

(11)クラウディング・アウト

(12)地方交付税　(13)流動性　(14)唯一の発券銀行

(15)預金準備制度　(16)金融政策　(17)金融緩和